プリント形式のリアル過去問で本番の臨場感！

宮崎県

鵬翔高等学校

2025年春受験用

解答集

本書は，実物をなるべくそのままに，プリント形式で年度ごとに収録しています。
問題用紙を教科別に分けて使うことができるので，本番さながらの演習ができます。

■ 収録内容

・解答集(この冊子です)

書籍ＩＤ番号，この問題集の使い方，最新年度実物データ，リアル過去問の活用，
解答例と解説，ご使用にあたってのお願い・ご注意，お問い合わせ

・2024(令和６)年度 ～ 2022(令和４)年度　学力検査問題

○は収録あり　年度	'24	'23	'22			
■ 問題※	○	○	○			
■ 解答用紙	○	○	○			
■ 配点						

解答はありますが
解説はありません

※英数科・未来創造学科・看護科を収録(共通問題)

☆問題文等の非掲載はありません

■ 書籍ＩＤ番号

入試に役立つダウンロード付録や学校情報などを随時更新して掲載しています。
教英出版ウェブサイトの「ご購入者様のページ」画面で，書籍ＩＤ番号を入力してご利用ください。

書籍ＩＤ番号 101345  

（有効期限：2025年9月30日まで）

【入試に役立つダウンロード付録】
「ラストチェックテスト(標準／ハイレベル)」
「高校合格への道」

■ この問題集の使い方

年度ごとにプリント形式で収録しています。針を外して教科ごとに分けて使用します。①片側，②中央のどちらかでとじてありますので，下図を参考に，問題用紙と解答用紙に分けて準備をしましょう（解答用紙がない場合もあります)。

針を外すときは，けがをしないように十分注意してください。また，針を外すと紛失しやすくなりますので気をつけましょう。

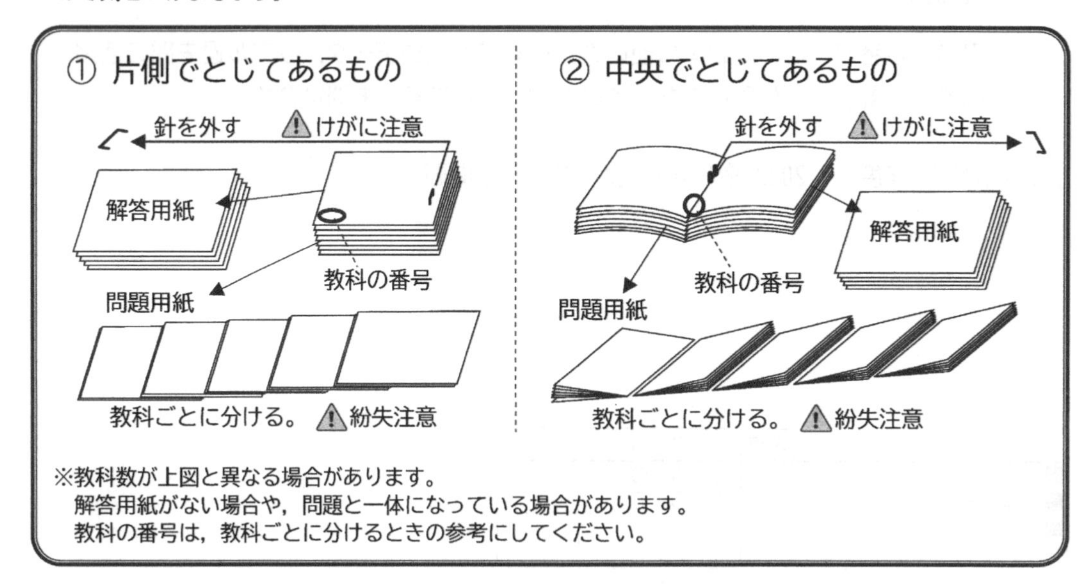

※教科数が上図と異なる場合があります。
解答用紙がない場合や，問題と一体になっている場合があります。
教科の番号は，教科ごとに分けるときの参考にしてください。

■ 最新年度 実物データ

実物をなるべくそのままに編集していますが，収録の都合上，実際の試験問題とは異なる場合があります。実物のサイズ，様式は右表で確認してください。

問題用紙	Ｂ５冊子(二つ折り)
解答用紙	Ｂ４片面プリント

リアル過去問の活用

～リアル過去問なら入試本番で力を発揮することができる～

本番を体験しよう！

問題用紙の形式（縦向き / 横向き），問題の配置や余白など，実物に近い紙面構成なので本番の臨場感が味わえます。まずはパラパラとめくって眺めてみてください。「これが志望校の入試問題なんだ！」と思えば入試に向けて気持ちが高まることでしょう。

入試を知ろう！

同じ教科の過去数年分の問題紙面を並べて，見比べてみましょう。

① 問題の量

毎年同じ大問数か，年によって違うのか，また全体の問題量はどのくらいか知っておきましょう。どのくらいのスピードで解けば時間内に終わるのか，大問ひとつにかけられる時間を計算してみましょう。

② 出題分野

よく出題されている分野とそうでない分野を見つけましょう。同じような問題が過去にも出題されていることに気がつくはずです。

③ 出題順序

得意な分野が毎年同じ大問番号で出題されていると分かれば，本番で取りこぼさないように先回りして解答することができるでしょう。

④ 解答方法

記述式か選択式か（マークシートか），見ておきましょう。記述式なら，単位まで書く必要があるかどうか，文字数はどのくらいかなど，細かいところまでチェックしておきましょう。計算過程を書く必要があるかどうかも重要です。

⑤ 問題の難易度

必ず正解したい基本問題，条件や指示の読み間違いといったケアレスミスに気をつけたい問題，後回しにしたほうがいい問題などをチェックしておきましょう。

問題を解こう！

志望校の入試傾向をつかんだら，問題を何度も解いていきましょう。ほかにも問題文の独特な言いまわしや，その学校独自の答え方を発見できることもあるでしょう。オリンピックや環境問題など，話題になった出来事を毎年出題する学校だと分かれば，日頃のニュースの見かたも変わってきます。

こうして志望校の入試傾向を知り対策を立てることこそが，過去問を解く最大の理由なのです。

実力を知ろう！

過去問を解くにあたって，得点はそれほど重要ではありません。大切なのは，志望校の過去問演習を通して，苦手な教科，苦手な分野を知ることです。苦手な教科，分野が分かったら，教科書や参考書に戻って重点的に学習する時間をつくりましょう。今の自分の実力を知れば，入試本番までの勉強の道すじが見えてきます。

試験に慣れよう！

入試では時間配分も重要です。本番で時間が足りなくなってあわてないように，リアル過去問で実戦演習をして，時間配分や出題パターンに慣れておきましょう。教科ごとに気持ちを切り替える練習もしておきましょう。

心を整えよう！

入試は誰でも緊張するものです。入試前日になったら，演習をやり尽くしたリアル過去問の表紙を眺めてみましょう。問題の内容を見る必要はもうありません。どんな形式だったかな？受験番号や氏名はどこに書くのかな？…ほんの少し見ておくだけでも，志望校の入試に向けて心の準備が整うことでしょう。

そして入試本番では，見慣れた問題紙面が緊張した心を落ち着かせてくれるはずです。

※まれに入試形式を変更する学校もありますが，条件はほかの受験生も同じです。心を整えてあせらずに問題に取りかかりましょう。

2024 解答例 令和６年度

鵬翔高等学校

《国　語》

一　問１．㋐じょうちょ　㋑伴奏　㋒ぼうだい　㋓普及　問２．A．ウ　B．エ　C．ア
問３．現実に何のメリットをもたらさないしプラグマティックな意味も持たない芸能
問４．X．何がしかの生産性が期待されていた　Y．極めて非生産的　問５．ウ

二　問１．①奇跡　②我慢　③継　④趣味　⑤血相　問２．⑴ウ　⑵オ　⑶耳　問３．Ⅰ．ウ　Ⅱ．ア
Ⅲ．エ　Ⅳ．イ　問４．樹はもう何も言わなかった。　問５．お母さんからだいじにされていることを思い出させ、自分の夢を伝える決心をさせてくれた樹に感謝している。　問６．イ　問７．緑の香り

三　問１．ウ　問２．不思議な　問３．読み…さつき　陰暦…五　問４．③蜂　④宗輔〔別解〕相国
問５．この殿の蜂　問６．エ

四　問１．⑴自然　⑵無欠　⑶著名　⑷絶対　⑸増加　⑹否定　問２．［漢字／記号］　⑴［頭／ア］
⑵［目／オ］　⑶［口／ウ］　⑷［歯／イ］　⑸［顔／エ］　問３．⑴エ　⑵ア　⑶ウ　⑷エ　⑸エ

《数　学》

1　⑴-9　⑵$\frac{7x-8y}{6}$　⑶$-108x^7y^5$　⑷x^2-4y^2　⑸$4\sqrt{2}$

2　⑴$N=5Q+2$　⑵$y=\frac{2}{3}x-3$　⑶$x=\frac{-1\pm\sqrt{17}}{2}$　⑷$\frac{3}{10}$　⑸56°

3　⑴右表　⑵A　⑶①20　②第２回　⑷A

4　⑴$\frac{1}{2}$　⑵$y=-\frac{1}{3}x+\frac{4}{3}$　⑶-4　⑷4

5　⑴B　⑵④
⑶(ア)相似な三角形…△DPB　相似条件…２組の角の大きさがそれぞれ等しい
(イ)29°　(ウ)24

6　⑴ア．29　イ．25　ウ．21　エ．17　オ．1　⑵26，27　⑶3，11，19

階級（点）	度数
35以上40未満	1
40 ～ 45	1
45 ～ 50	2
50 ～ 55	0
55 ～ 60	2
60 ～ 65	1
65 ～ 70	3
70 ～ 75	3
75 ～ 80	4
80 ～ 85	3
計	20

《社　会》

1　問１．(ウ)　問２．c　問３．レアメタル〔別解〕希少金属　問４．モノカルチャー　問５．サハラ
問６．(ウ)　問７．カカオ豆　問８．フェアトレード　問９．(ⅰ)(エ)　(ⅱ)等高線　(ⅲ)750
問10．(ウ)

2　問１．福岡県　問２．ワカタケル　問３．大化の改新　問４．正倉院　問５．(ウ)　問６．(イ)
問７．徳政令　問８．(ウ)　問９．(イ)　問10．(エ)　問11．小村寿太郎　問12．(ア)
問13．フランス

3　問１．(a)(イ)　(b)(エ)　問２．⑴ユニバーサル　⑵立憲　⑶住民投票　問３．①AI　②ビッグデータ
問４．精神　問５．内閣　問６．日本銀行　問７．(ⅰ)(ウ)　(ⅱ)ワーク・ライフ・バランス

4　問１．(ア)，(ウ)，(カ)，(キ)　問２．(ウ)　問３．JR　問４．(ウ)　問５．20／男女　問６．(ア)
問７．高度経済成長　問８．シーガイア　問９．ふるさと納税　問10．ユネスコ

《理　科》

1 (1)塩化水素　(2)酸素　(3)[発生装置／試薬]　C．[(ア)／(a)と(d)]　E．[(ウ)／(b)と(f)]
(4)①(イ)　②(ウ)　(5)0.003　(6)下方　(7)A，C，D　(8)(a)(イ)　(b)(オ)

2 (1)①鍵　②(エ)　(2)①示相　②(エ)　(3)①示準　②(イ)　(4)①柱状図　②(ウ)　(5)イ

3 (1)記号…C　色…青紫色　(2)加熱　(3)記号…A　色…赤褐色
(4)①(ウ)　②(ア)　③(イ)　消化酵素…アミラーゼ
(5)①E　②(ア)，(イ)，(ウ)　(6)①タンパク質　②(ア)，(エ)

4 (1)8　(2)エ　(3)オ　(4)(エ)　(5)凸レンズ　(6)虚像　(7)(イ)
(8)右図　(9)①(ウ)　②(イ)　③(ウ)

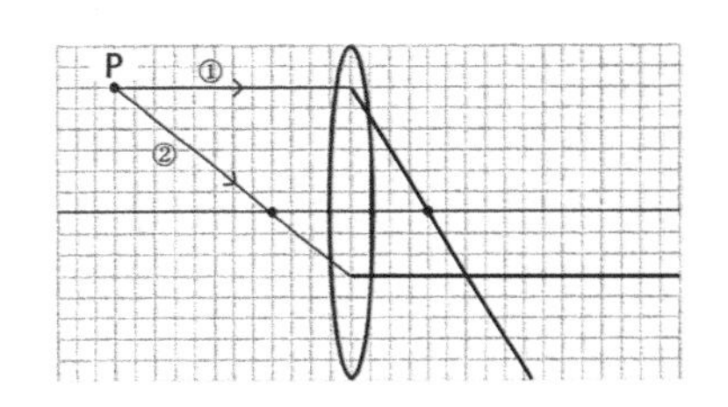

《英　語》

1 問1．the best way to improve your English　問2．(2)Study／and　(3)Are／asking　(6)Don't／be
問3．(ア)listen　(イ)read　(ウ)watch　問4．(4)私は英語を話す機会が全くありません。　(5)あなたは彼らがどこ出身かわからない時に，英語を使うことができます。　(8)授業中だけでなくその日の他の時間にも，彼らと英語で話してください。　問5．English　問6．1

2 問1．ウ　問2．エ　問3．ウ　問4．緑は単なる色ではなく，環境にやさしいことも意味すること。
問5．イ　問6．ウ

3 問1．(1)ウ　(2)ア　(3)ア　(4)ウ　(5)イ　問2．(1)イ　(2)エ　(3)ア　(4)ウ　(5)エ
問3．(1)ウ　(2)イ　(3)ア　(4)エ　(5)ウ

4 問1．(1)イ　(2)オ　(3)ア　(4)エ　(5)ウ　問2．(1)ウ　(2)イ　(3)イ　(4)ア　(5)ウ
問3．[2番目／5番目]　(1)[⑤／④]　(2)[④／⑥]　(3)[③／②]　(4)[④／①]　(5)[②／③]

鵬翔高等学校

《国　語》

一　問１．ア．秘　イ．飛躍　ウ．究明　エ．終始　オ．ちめいてき　問２．エ　問３．A．ウ　B．エ　C．ア　問４．失敗とのつき合い方　問５．ア　問６．イ

二　問１．ア．つくろ　イ．立派　ウ．こちょう　エ．響　問２．漁夫の仕事をしながら絵かきを目指すが、そのどちらにも真剣に打ち込めていない生活。　問３．漁夫で一生を終える　問４．友だちのことは悪く言わないものであり、あてにならないから。　問５．イ　問６．イ　問７．イ　問８．オ

三　問１．A．ようよう　B．ついに　問２．①大蛇(の)　②求道(の)　問３．ウ　問４．大蛇　問５．ウ，エ

四　問１．［文字／読み仮名］①［朝／いっちょういっせき］②［貫／しょしかんてつ］③［恥／こうがんむち］④［夢／むがむちゅう］⑤［以／いしんでんしん］　問２．イ，エ　問３．①エ　②ウ　③※学校当局により問題削除　④イ

《数　学》

1　(1)5　(2)$-3a^2b^4$　(3)$3\sqrt{2}+\sqrt{3}$　(4)$\frac{11a-7b}{12}$　(5)$x=\frac{3\pm\sqrt{21}}{2}$

2　(1)4，12，24　(2)$a=2S-b$　(3)$\frac{2}{3}$　(4)$0\leqq y\leqq 8$　(5)右図

3　(1)平均値…5.5点　中央値…６点　(2)a．３　b．５　c．24　(3)16点

4　(1)A．$(-4,\ -32)$　B．$(2,\ -8)$　(2)$y=4x-16$　(3)$(0,\ -16)$　(4)２：１

5　(1)線分CFの長さ…10㎝　DG：GF＝６：５　(2)$\frac{60}{11}$㎝　(3)$\frac{12}{121}$S㎠

6　(1)$\frac{1}{6}$　(2)１，２，３回　(3)63通り　(4)10通り

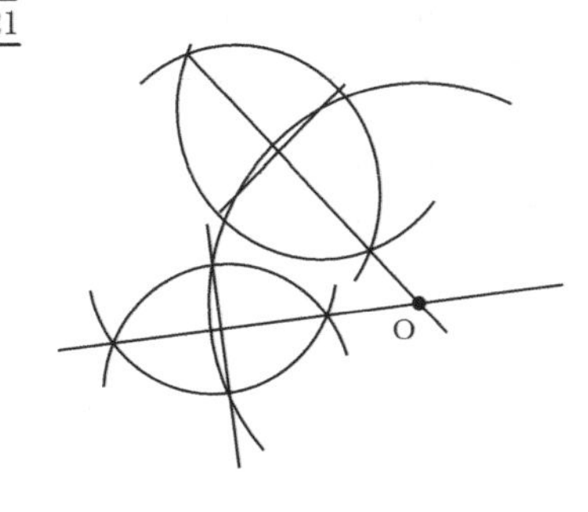

《社　会》

1　問１．E　問２．グラフⅠ…オ　グラフⅡ…カ　問３．①B　②D　問４．扇状地　問５．ó　問６．三角州　問７．(ウ)　問８．大雨が降り，洪水になりそうなとき，水量を調節して防ぐため　問９．A．石油　B．石炭　問10．(ウ)

2　問１．(ア)　問２．推古　問３．租庸調　問４．(イ)　問５．民主　問６．(イ)　問７．ザビエル〔別解〕フランシスコ・ザビエル　問８．(ア)　問９．(ウ)　問10．結社　問11．(ア)　問12．(満)20(歳)

3　問１．(1)税金　(2)内閣　問２．(イ)　問３．(a)高齢　(b)介護　問４．(ア)　問５．(ウ)　問６．司法　問７．(ⅰ)閣議　(ⅱ)(エ)　問８．(イ)　問９．(ア)

4　問１．(ア)６　(イ)男女　(ウ)授業料　問２．(ア)　問３．GHQ　問４．(イ)　問５．(エ)　問６．(ア)冷戦　(イ)平成　問７．文部科学省　問８．2024　問９．(A)(ア)　(B)(イ)

《理　科》

1 (1)エタノールが引火しやすいから　(2)A．ア　C．イ　(3)逆流を防ぐため　(4)X　(5)X＞Y＞Z
(6)0.79　(7)A

2 (1)ウ　(2)減数分裂　(3)①顕性形質　②エ　③丸…Ａａ　しわ…ａａ　④３：５

3 (1)0.1　(2)90　(3)※学校当局により問題削除　(4)分力の大きさ…変わらない　台車の速さ…大きくなる
(5)63　(6)大きくなる　(7)ア　(8)2　(9)②，③　(10)③　(11)振幅

4 (1)北極星　(2)地軸を延長した付近に星Ｘが位置するから　(3)イ　(4)エ　(5)１日１回，地球が西から東へ自転しているから　(6)3　(7)10　(8)9　(9)23〔別解〕午後11

《英　語》

1 問１．(1)ア　(2)ウ　(3)ア　(4)ウ　(5)イ　問２．(1)イ　(2)ウ　(3)エ　(4)エ　(5)エ　問３．(1)イ　(2)ア　(3)エ
(4)ウ　(5)イ

2 問１．(1)イ　(2)イ　(3)ア　(4)エ　(5)ウ　問２．(1)was／painted　(2)to／get〔別解〕to／go　(3)where／lives
問３．(1)must／be　(2)faster／than　(3)for／me　(4)interested／learning〔別解〕interested／studying
問４．［３番目／５番目］(1)[ウ／ア]　(2)[イ／ア]　(3)[エ／ア]　(4)[ウ／オ]　(5)[カ／ア]

3 問１．(1)ウ　(2)イ　(3)ア　問２．ウ　問３．walk　問４．were／late／for／school　問５．earlier

4 問１．イ　問２．(1)未来〔別解〕将来　(2)成長　(3)日本　問３．イ，エ，カ　問４．(1)全国
(2)値段〔別解〕価格　(3)上がった〔別解〕上昇した　問５．(1)○　(2)×　(3)○　(4)×　(5)×

2022 解答例 令和4年度　鵬翔高等学校

《国　語》

一　問1．ア．微妙　イ．隅　ウ．隠　エ．新鮮　問2．A．エ　B．イ　C．ア　D．ウ　問3．イ
問4．エ　問5．これといった深い考えもない　問6．ア　問7．長い長い時間がかかる　問8．長い時間の中で苦労をともにして、相手の新しい面に出会い続け、自分も変化すること。

二　問1．ア．縦笛　イ．紹介　ウ．抗議　エ．間隔　問2．A．イ　B．ウ　問3．慎の認識
問4．③カ　④イ　問5．エ　問6．ア

三　問1．ゆえに　問2．初め…我、年長け　終わり…を残すべし　問3．ア
問4．③若き女　④ある男〔別解〕若き男　問5．そのごとく　問6．ウ

四　問1．⑴ウ　⑵イ　⑶エ　問2．⑴ア　⑵オ　⑶イ　問3．⑴ア　⑵エ　⑶イ　⑷ウ
問4．⑴ウ　⑵イ　⑶ウ　問5．⑴ひひょう　⑵きゅうさい　⑶じゅくれん
問6．⑴郵便　⑵蒸発　⑶成績

《数　学》

1　⑴-3　⑵$-2ab^2$　⑶$2+2\sqrt{2}$　⑷$\frac{5x-1}{6}$　⑸$x=\frac{1\pm\sqrt{17}}{4}$

2　⑴③　⑵6　⑶4　⑷$-9\leqq y\leqq 0$　⑸$b=\frac{a-3}{5}$

3　⑴右図　⑵120°　⑶4 cm　⑷$2\sqrt{3}$ cm　⑸$8\pi$ cm³

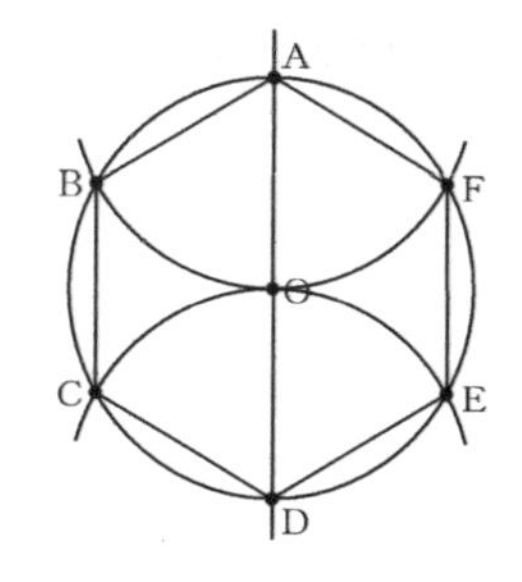

4　⑴9　⑵a．6　b．3
⑶平均…3.4冊　第1…1冊　第2…3冊　第3…5冊　⑷7冊

5　⑴(6，18)　⑵$y=2x+6$　⑶24　⑷$y=5x$　⑸(6，0)

6　⑴$\frac{1}{6}$　⑵2通り　⑶25通り

《社　会》

1　問1．Y　問2．(イ)　問3．インド洋　問4．(エ)　問5．(ウ)　問6．(ウ)
問7．関東ローム(層)　問8．A　問9．(ウ)　問10．⑴沖ノ鳥島　⑵(エ)　問11．(イ)

2　問1．⑴打製　⑵律令　⑶豊臣秀吉　⑷ルソー　問2．奴　問3．(オ)　問4．(定期)市　問5．雪舟
問6．(エ)　問7．(あ)平等　(い)人権宣言　問8．富岡製糸場　問9．(ウ)　問10．インターネット

3　問1．(A)間接　(B)最高　(C)立法　(D)内閣　(E)裁判所　(F)参議院　問2．(イ)　問3．(オ)
問4．(ア)間接　(イ)直接　問5．⑴(ア)　⑵(エ)

4　問1．イギリス　問2．函館〔別解〕箱館　問3．日米修好通商条約　問4．(ア)　問5．(イ)
問6．JR　問7．(ウ)　問8．(エ)　問9．(ア)　問10．福沢諭吉　問11．NHK
問12．日本銀行

《理　科》

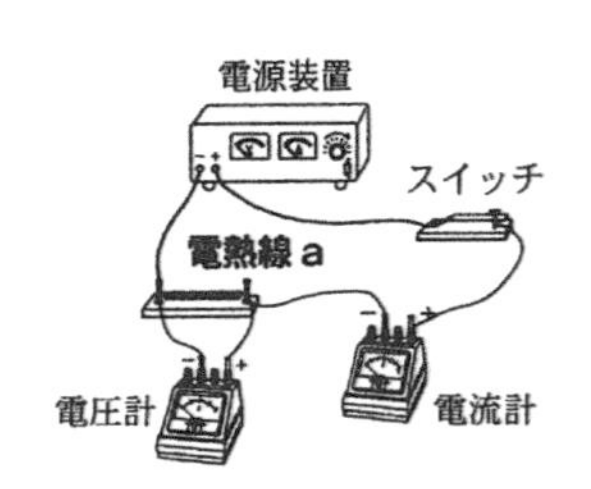

1　(1)右図　(2)比例　(3)1.5　(4)0.5　(5)a．0.2　b．0.3　(6)3
(7)a．3.6　b．2.4

2　(1)イ　(2)イ　(3)③ア　④ウ　(4)イ，エ　(5)$Mg+2HCl \rightarrow MgCl_2+H_2$
(6)ア，オ　(7)①H^+　②OH^-　③中和

3　(1)①b　②露点　(2)の湿度を高くするため。　(3)a　(4)d　(5)e
(6)飽和水蒸気量　(7)空気が膨張したときに，温度が下がること。

4　(1)エ　(2)イ　(3)名称…左心室　理由…全身に血液を送り出すため。　(4)①ア　②イ
(5)記号…イ　名称…白血球　(6)ア

《英　語》

1　問1．Kenにとって宿題が必要であること。　問2．②イ　③オ　⑦ウ　問3．学校の成績を心配すること。
問4．I／can　問5．イ　問6．ア

2　問1．(1)イ　(2)ウ　問2．ア　問3．私たちはアスリート全員に全力を尽くして欲しいと思っている。
問4．ウ　問5．エ→ウ→イ→ア　問6．A boy and a girl are playing soccer.

3　問1．(1)イ　(2)ア　(3)エ　(4)ウ　問2．(1)イ　(2)ア　(3)ウ　(4)ウ　問3．(1)ア　(2)ウ　(3)エ　(4)イ
問4．(1)エ　(2)ウ　(3)ウ　(4)ア

4　問1．(1)イ　(2)カ　(3)オ　(4)ウ　(5)エ　問2．(1)given／to　(2)higher／than　(3)was／made／by
問3．(1)would／to　(2)must／not　(3)something／to　(4)who〔別解〕that　問4．(1)easy for him to cook by
(2)you know when he will come　(3)have known each other since　(4)afraid that it will rain　(5)makes you sleep well

■ ご使用にあたってのお願い・ご注意

（1）問題文等の非掲載

著作権上の都合により，問題文や図表などの一部を掲載できない場合があります。

誠に申し訳ございませんが，ご了承くださいますようお願いいたします。

（2）過去問における時事性

過去問題集は，学習指導要領の改訂や社会状況の変化，新たな発見などにより，現在とは異なる表記や解説になっている場合があります。過去問の特性上，出題当時のままで出版していますので，あらかじめご了承ください。

（3）配点

学校等から配点が公表されている場合は，記載しています。公表されていない場合は，記載していません。

独自の予想配点は，出題者の意図と異なる場合があり，お客様が学習するうえで誤った判断をしてしまう恐れがあるため記載していません。

（4）無断複製等の禁止

購入された個人のお客様が，ご家庭でご自身またはご家族の学習のためにコピーをすることは可能ですが，それ以外の目的でコピー，スキャン，転載（ブログ，ＳＮＳなどでの公開を含みます）などをすることは法律により禁止されています。学校や学習塾などで，児童生徒のためにコピーをして使用することも法律により禁止されています。

ご不明な点や，違法な疑いのある行為を確認された場合は，弊社までご連絡ください。

（5）けがに注意

この問題集は針を外して使用します。針を外すときは，けがをしないように注意してください。また，表紙カバーや問題用紙の端で手指を傷つけないように十分注意してください。

（6）正誤

制作には万全を期しておりますが，万が一誤りなどがございましたら，弊社までご連絡ください。

なお，誤りが判明した場合は，弊社ウェブサイトの「ご購入者様のページ」に掲載しておりますので，そちらもご確認ください。

■ お問い合わせ

解答例，解説，印刷，製本など，問題集発行におけるすべての責任は弊社にあります。

ご不明な点がございましたら，弊社ウェブサイトの「お問い合わせ」フォームよりご連絡ください。迅速に対応いたしますが，営業日の都合で回答に数日を要する場合があります。

ご入力いただいたメールアドレス宛に自動返信メールをお送りしています。自動返信メールが届かない場合は，「よくある質問」の「メールの問い合わせに対し返信がありません。」の項目をご確認ください。

また弊社営業日（平日）は，午前９時から午後５時まで，電話でのお問い合わせも受け付けています。

2025 春

株式会社教英出版
〒422-8054　静岡県静岡市駿河区南安倍３丁目 12-28
TEL　054-288-2131　　FAX　054-288-2133
URL　https://kyoei-syuppan.net/
MAIL siteform@kyoei-syuppan.net

学校別問題集

北海道
①札幌北斗高等学校
②北星学園大学附属高等学校
③東海大学付属札幌高等学校
④立命館慶祥高等学校
⑤北海高等学校
⑥北見藤高等学校
⑦札幌光星高等学校
⑧函館ラ・サール高等学校
⑨札幌大谷高等学校
⑩北海道科学大学高等学校
⑪遺愛女子高等学校
⑫札幌龍谷学園高等学校
⑬札幌日本大学高等学校
⑭札幌第一高等学校
⑮旭川実業高等学校
⑯北海学園札幌高等学校

青森県
①八戸工業大学第二高等学校

宮城県
①聖和学園高等学校(A日程)
②聖和学園高等学校(B日程)
③東北学院高等学校(A日程)
④東北学院高等学校(B日程)
⑤仙台大学附属明成高等学校
⑥仙台城南高等学校
⑦東北学院榴ケ岡高等学校
⑧古川学園高等学校
⑨仙台育英学園高等学校(A日程)
⑩仙台育英学園高等学校(B日程)
⑪聖ウルスラ学院英智高等学校
⑫宮城学院高等学校
⑬東北生活文化大学高等学校
⑭東北高等学校
⑮常盤木学園高等学校
⑯仙台白百合学園高等学校
⑰尚絅学院高等学校(A日程)
⑱尚絅学院高等学校(B日程)

山形県
①日本大学山形高等学校
②惺山高等学校
③東北文教大学山形城北高等学校
④東海大学山形高等学校
⑤山形学院高等学校

福島県
①日本大学東北高等学校

新潟県
①中越高等学校
②新潟第一高等学校
③東京学館新潟高等学校
④日本文理高等学校
⑤新潟青陵高等学校
⑥帝京長岡高等学校
⑦北越高等学校
⑧新潟明訓高等学校

富山県
①高岡第一高等学校
②富山第一高等学校

石川県
①金沢高等学校
②金沢学院大学附属高等学校
③遊学館高等学校
④星稜高等学校
⑤鵬学園高等学校

山梨県
①駿台甲府高等学校
②山梨学院高等学校(特進)
③山梨学院高等学校(進学)
④山梨英和高等学校

岐阜県
①鶯谷高等学校
②富田高等学校
③岐阜東高等学校
④岐阜聖徳学園高等学校
⑤大垣日本大学高等学校
⑥美濃加茂高等学校
⑦済美高等学校

静岡県
①御殿場西高等学校
②知徳高等学校
③日本大学三島高等学校
④沼津中央高等学校
⑤飛龍高等学校
⑥桐陽高等学校
⑦加藤学園高等学校
⑧加藤学園暁秀高等学校
⑨誠恵高等学校
⑩星陵高等学校
⑪静岡県富士見高等学校
⑫清水国際高等学校
⑬静岡サレジオ高等学校
⑭東海大学付属静岡翔洋高等学校
⑮静岡大成高等学校
⑯静岡英和女学院高等学校
⑰城南静岡高等学校
⑱静岡女子高等学校
⑲常葉大学附属常葉高等学校
常葉大学附属橘高等学校
常葉大学附属菊川高等学校
⑳静岡北高等学校
㉑静岡学園高等学校
㉒焼津高等学校
㉓藤枝明誠高等学校
㉔静清高等学校
㉕磐田東高等学校
㉖浜松学院高等学校
㉗浜松修学舎高等学校
㉘浜松開誠館高等学校
㉙浜松学芸高等学校
㉚浜松聖星高等学校
㉛浜松日体高等学校
㉜聖隷クリストファー高等学校
㉝浜松啓陽高等学校
㉞オイスカ浜松国際高等学校

愛知県
①[国立]愛知教育大学附属高等学校
②愛知高等学校
③名古屋経済大学市邨高等学校
④名古屋経済大学高蔵高等学校
⑤名古屋大谷高等学校
⑥享栄高等学校
⑦椙山女学園高等学校
⑧大同大学大同高等学校
⑨日本福祉大学付属高等学校
⑩中京大学附属中京高等学校
⑪至学館高等学校
⑫東海高等学校
⑬名古屋たちばな高等学校
⑭東邦高等学校
⑮名古屋高等学校
⑯名古屋工業高等学校
⑰名古屋葵大学高等学校
(名古屋女子大学高等学校)
⑱中部大学第一高等学校
⑲桜花学園高等学校
⑳愛知工業大学名電高等学校
㉑愛知みずほ大学瑞穂高等学校
㉒名城大学附属高等学校
㉓修文学院高等学校
㉔愛知啓成高等学校
㉕聖カピタニオ女子高等学校
㉖滝高等学校
㉗中部大学春日丘高等学校
㉘清林館高等学校
㉙愛知黎明高等学校
㉚岡崎城西高等学校
㉛人間環境大学附属岡崎高等学校
㉜桜丘高等学校

㉝光ヶ丘女子高等学校
㉞藤ノ花女子高等学校
㉟栄徳高等学校
㊱同朋高等学校
㊲星城高等学校
㊳安城学園高等学校
㊴愛知産業大学三河高等学校
㊵大成高等学校
㊶豊田大谷高等学校
㊷東海学園高等学校
㊸名古屋国際高等学校
㊹啓明学館高等学校
㊺聖霊高等学校
㊻誠信高等学校
㊼誉高等学校
㊽杜若高等学校
㊾菊華高等学校
㊿豊川高等学校

三重県

①暁高等学校(3年制)
②暁高等学校(6年制)
③海星高等学校
④四日市メリノール学院高等学校
⑤鈴鹿高等学校
⑥高田高等学校
⑦三重高等学校
⑧皇學館高等学校
⑨伊勢学園高等学校
⑩津田学園高等学校

滋賀県

①近江高等学校

大阪府

①上宮高等学校
②大阪高等学校
③興國高等学校
④清風高等学校
⑤早稲田大阪高等学校
(早稲田摂陵高等学校)
⑥大商学園高等学校
⑦浪速高等学校
⑧大阪夕陽丘学園高等学校
⑨大阪成蹊女子高等学校
⑩四天王寺高等学校
⑪梅花高等学校
⑫追手門学院高等学校
⑬大阪学院大学高等学校
⑭大阪学芸高等学校
⑮常翔学園高等学校
⑯大阪桐蔭高等学校
⑰関西大倉高等学校
⑱近畿大学附属高等学校
⑲金光大阪高等学校
⑳星翔高等学校
㉑阪南大学高等学校
㉒箕面自由学園高等学校
㉓桃山学院高等学校
㉔関西大学北陽高等学校

兵庫県

①雲雀丘学園高等学校
②園田学園高等学校
③関西学院高等部
④灘高等学校
⑤神戸龍谷高等学校
⑥神戸第一高等学校
⑦神港学園高等学校
⑧神戸学院大学附属高等学校
⑨神戸弘陵学園高等学校
⑩彩星工科高等学校
⑪神戸野田高等学校
⑫滝川高等学校
⑬須磨学園高等学校
⑭神戸星城高等学校
⑮啓明学院高等学校
⑯神戸国際大学附属高等学校
⑰滝川第二高等学校
⑱三田松聖高等学校
⑲姫路女学院高等学校
⑳東洋大学附属姫路高等学校
㉑日ノ本学園高等学校
㉒市川高等学校
㉓近畿大学附属豊岡高等学校
㉔夙川高等学校
㉕仁川学院高等学校
㉖育英高等学校

奈良県

①西大和学園高等学校

岡山県

①[県立]岡山朝日高等学校
②清心女子高等学校
③就実高等学校
(特別進学コース〈ハイグレード・アドバンス〉)
④就実高等学校
(特別進学チャレンジコース・総合進学コース)
⑤岡山白陵高等学校
⑥山陽学園高等学校
⑦関西高等学校
⑧おかやま山陽高等学校
⑨岡山商科大学附属高等学校
⑩倉敷高等学校
⑪岡山学芸館高等学校(1期1日目)
⑫岡山学芸館高等学校(1期2日目)
⑬倉敷翠松高等学校
⑭岡山理科大学附属高等学校
⑮創志学園高等学校
⑯明誠学院高等学校
⑰岡山龍谷高等学校

広島県

①[国立]広島大学附属高等学校
②[国立]広島大学附属福山高等学校
③修道高等学校
④崇徳高等学校
⑤広島修道大学ひろしま協創高等学校
⑥比治山女子高等学校
⑦呉港高等学校
⑧清水ヶ丘高等学校
⑨盈進高等学校
⑩尾道高等学校
⑪如水館高等学校
⑫広島新庄高等学校
⑬広島文教大学附属高等学校
⑭銀河学院高等学校
⑮安田女子高等学校
⑯山陽高等学校
⑰広島工業大学高等学校
⑱広陵高等学校
⑲近畿大学附属広島高等学校福山校
⑳武田高等学校
㉑広島県瀬戸内高等学校(特別進学)
㉒広島県瀬戸内高等学校(一般)
㉓広島国際学院高等学校
㉔近畿大学附属広島高等学校東広島校
㉕広島桜が丘高等学校

山口県

①高水高等学校
②野田学園高等学校
③宇部フロンティア大学付属香川高等学校
(普通科〈特進・進学コース〉)
④宇部フロンティア大学付属香川高等学校
(生活デザイン・食物調理・保育科)
⑤宇部鴻城高等学校

徳島県

①徳島文理高等学校

香川県

①香川誠陵高等学校
②大手前高松高等学校

愛媛県

①愛光高等学校
②済美高等学校
③FC今治高等学校
④新田高等学校
⑤聖カタリナ学園高等学校

福岡県

①福岡大学附属若葉高等学校
②精華女子高等学校(専願試験)
③精華女子高等学校(前期試験)
④西南学院高等学校
⑤筑紫女学園高等学校
⑥中村学園女子高等学校(専願入試)
⑦中村学園女子高等学校(前期入試)
⑧博多女子高等学校
⑨博多高等学校
⑩東福岡高等学校
⑪福岡大学附属大濠高等学校
⑫自由ケ丘高等学校
⑬常磐高等学校
⑭東筑紫学園高等学校
⑮敬愛高等学校
⑯久留米大学附設高等学校
⑰久留米信愛高等学校
⑱福岡海星女子学院高等学校
⑲誠修高等学校
⑳筑陽学園高等学校(専願入試)
㉑筑陽学園高等学校(前期入試)
㉒真颯館高等学校
㉓筑紫台高等学校
㉔純真高等学校
㉕福岡舞鶴高等学校
㉖折尾愛真高等学校
㉗九州国際大学付属高等学校
㉘祐誠高等学校
㉙西日本短期大学附属高等学校
㉚東海大学付属福岡高等学校
㉛慶成高等学校
㉜高稜高等学校
㉝中村学園三陽高等学校
㉞柳川高等学校
㉟沖学園高等学校
㊱福岡常葉高等学校
㊲九州産業大学付属九州高等学校
㊳近畿大学附属福岡高等学校
㊴大牟田高等学校
㊵久留米学園高等学校
㊶福岡工業大学附属城東高等学校(専願入試)
㊷福岡工業大学附属城東高等学校(前期入試)
㊸八女学院高等学校
㊹星琳高等学校
㊺九州産業大学付属九州産業高等学校
㊻福岡雙葉高等学校

佐賀県

①龍谷高等学校
②佐賀学園高等学校
③佐賀女子短期大学付属佐賀女子高等学校
④弘学館高等学校
⑤東明館高等学校
⑥佐賀清和高等学校
⑦早稲田佐賀高等学校

長崎県

①海星高等学校(奨学生試験)
②海星高等学校(一般入試)
③活水高等学校
④純心女子高等学校
⑤長崎南山高等学校
⑥長崎日本大学高等学校(特別入試)
⑦長崎日本大学高等学校(一次入試)
⑧青雲高等学校
⑨向陽高等学校
⑩創成館高等学校
⑪鎮西学院高等学校

熊本県

①真和高等学校
②九州学院高等学校(奨学生・専願生)
③九州学院高等学校(一般生)
④ルーテル学院高等学校(専願入試・奨学入試)
⑤ルーテル学院高等学校(一般入試)
⑥熊本信愛女学院高等学校
⑦熊本学園大学付属高等学校(奨学生試験・専願生試験)
⑧熊本学園大学付属高等学校(一般生試験)
⑨熊本中央高等学校
⑩尚絅高等学校
⑪文徳高等学校
⑫熊本マリスト学園高等学校
⑬慶誠高等学校

大分県

①大分高等学校

宮崎県

①鵬翔高等学校
②宮崎日本大学高等学校
③宮崎学園高等学校
④日向学院高等学校
⑤宮崎第一高等学校(文理科)
⑥宮崎第一高等学校(普通科・国際マルチメディア科・電気科)

鹿児島県

①鹿児島高等学校
②鹿児島実業高等学校
③樟南高等学校
④れいめい高等学校
⑤ラ・サール高等学校

新刊
もっと過去問シリーズ

愛知県

愛知高等学校
7年分(数学・英語)

中京大学附属中京高等学校
7年分(数学・英語)

東海高等学校
7年分(数学・英語)

名古屋高等学校
7年分(数学・英語)

愛知工業大学名電高等学校
7年分(数学・英語)

名城大学附属高等学校
7年分(数学・英語)

滝高等学校
7年分(数学・英語)

※もっと過去問シリーズは入学試験の実施教科に関わらず、数学と英語のみの収録となります。

教英出版
〒422-8054
静岡県静岡市駿河区南安倍3丁目12−28
TEL 054-288-2131
FAX 054-288-2133
詳しくは教英出版で検索
教英出版 検索
URL https://kyoei-syuppan.net/

令和６年度

鵬翔高等学校入学試験問題

第１時限（9時00分～9時45分）

時間45分

（注　意）

1.「始め」の合図があるまで、このページ以外のところを見てはいけません。

2. 問題用紙は表紙を除いて９ページ、問題は４題です。

3.「始め」の合図があったら、まず解答用紙に**志望学科・コース・受験番号・氏名**を記入し、次に問題用紙のページ数を調べ、不備があれば申し出てください。

4. 答えは必ず解答用紙の指定欄に記入してください。

5.「やめ」の合図があったら、すぐ鉛筆を置き、解答用紙だけを裏返しにして机の上に置いてください。

2024(R6) 鵬翔高
K 教英出版

国語 1

一 次の文章を読んで後の問いに答えなさい。

カラオケは、基本的にうたい手の側で完結するものである。うたい手がみずから陶酔できれば、それで成功である。そもそもカラオケに、他人に伝えるべき思想も㋐情緒もありはしない。

それは情報というもののありかたと、よく似ている。情報は、しばしば送り手と受け手があって、そのあいだに伝達されるものと考えられがちである。しかし、この考え方には、情報とコミュニケーションを混同しているところがある。じつは、情報には、送り手も受け手もない。情報はあまねく存在する。すべての存在それ自体が情報である。その意味では、カラオケはカラオケそれ自体が芸能なのである。芸能とコミュニケーションを混同してはいけない。

高度情報化社会には、およそ役にたたない情報がたくさん存在する。いたるところに無意味情報がとびかっている。しかし、それによって、われわれの感覚器官や脳神経系はおおいに緊張し、興奮する。そのアナロジー※でいえば、カラオケはさしずめ無意味芸能ということになる。それは、現実に何のメリットをもたらさないしプラグマティック※な意味も持たない芸能である。にもかかわらず、あるいは、だからこそ、われわれは興奮する。

これまでの農業社会・工業社会は、労働と生産に価値をおく社会であった。［A］有形の生産物をうまない芸術や芸能にも、農業や工業と同じように、何がしかの生産性が期待されていた。現実に有益なメッセージを伝える芸術こそが、芸術の名にふさわしいものとされたのである。「人生いかにあるべきか」とか「人間いかに生きるべきか」といった課題にこたえることが求められていた。そして、そのような役割を果たさない芸術・芸能は［B］でない芸術、いわゆる第二芸術としておとしめられることになった。

この論法でゆくと、無意味芸能であるカラオケは、さしずめ①第二芸能ということになる。カラオケの陶酔に何ほどの生産的な意味があろうか。極めて非生産的であるにもかかわらず、しかし人びとは、もうそれをおとしめようとはしないのである。「わたしはカラオケが大好きです」と言うことに②遠慮はいらない。

情報化社会にあっては、労働と生産にかわって、消費と享楽に価値が移行する。カラオケは消費と享楽の芸能である。情報化時代は、大芸術にかわって第二芸能が花を咲かせる時代であると言えよう。

［C］、そのカラオケの機械には、エレクトロニクスをはじめとする日本の最先端の技術が満載されている。初めのうちは㋑バンソウがテープで流れるだけであったが、たちまち、音程を自動的にあわせたり、エコーをかけたりする仕かけがついた。やがてバックにビデオの映像がうつるようになり、さらに、それを背景にうたっている姿をまたビデオ・カメラが撮影するということにまでなった。採

点までしてくれる装置もある。日本の先端技術が、㋒膨大なアマチュア歌手の登場を支えたというのは、たいへん興味深い現象であった。情報産業社会において、工業は人びとの享楽に奉仕する。すでにエ※レクトロニクスを応用した各種の音響機械、情報機械がおびただしく生産され、㋓フキュウしている。無意味芸能のために開発される情報機器は、今後も増えつづけるであろう。

（梅棹忠夫『梅棹忠夫著作集14　情報と文明』による　出題のため文章や語句に変更がなされています）

（注）※アナロジー…類推。複数の事物間に共通ないし並行する性質や関係があること、または、それらから推測することができること。

※プラグマティック…実用的・実利的な様子。

※エレクトロニクス…電子工学。

問１　傍線部㋐〜㋓のカタカナは漢字に、漢字は読み仮名になおしなさい。

問２　空欄Ａ〜Ｃを補うのに適切な語句を次の中からそれぞれ選び記号で答えなさい。

Ａ　ア　やがて　イ　しかし　ウ　必ずしも　エ　いわゆる

Ｂ　ア　積極的　イ　一般的　ウ　感覚的　エ　本格的

Ｃ　ア　しかも　イ　やはり　ウ　かなり　エ　まれに

問３　傍線部①とはどのような芸能か、その説明として適切な語句を本文中から三十五文字で抜き出して答えなさい。

問４　傍線部②について、これは「本来は遠慮しなければならないものだったのに、いまはもう遠慮はいらなくなった」という意味の表現だが、では、「本来は遠慮しなければならないものだった」のはなぜか、その理由を次のように説明するとき、空欄を補うのに適切な語句を本文中から指定された文字数で抜き出して答えなさい。

《説明》本来は芸能にも X 十六文字 が、カラオケはそのような役割を果たさない、Y 七文字 なものとおとしめられていたから。

問5 本文の内容の説明として適切なものを次の中から選び記号で答えなさい。

ア 「カラオケが大好きです」と言うのは無意味さや非生産性を認識しているからである。

イ カラオケは人間関係を有効に保持できるという点ではコミュニケーションにも役立つ。

ウ 消費と享楽に価値がある日本の現代社会でカラオケが流行するのは当然のことである。

エ カラオケは無意味芸能ではあるが人々を陶酔させるという生産性も持ち合わせている。

二　次の文章を読んで後の問いに答えなさい。

来年高校受験の「千穂」は未だに進路を決めかねていたが、塾のため街中を歩いていた時にふと匂ってくるいい香りに誘われるように、坂の上の小さな公園にある「大きな樹」を見に行った。小学生の頃、よく遊び、「大きな樹」から落ちたこともあったあの公園へ……。

あれは、今と同じ夏の初めだった。幹のまん中あたりまで登っていた千穂は脚を踏み外し、枝から落ちたことがある。かなりの高さだったけれど①キセキ的に無傷ですんだ。しかし、その後、大樹の周りには高い柵が作られ簡単に近づくことができなくなった。木登りができなくなると、公園はにわかにつまらない場所となり、しだいに足が遠のいてしまった。中学生になってからは公園のことも、大樹のことも思い出すことなどほとんどなかった。

それなのに、今、よみがえる。

大きな樹。卵形の葉は、風が吹くとサワサワと優しい音を奏でる。息を吸い込むと、緑の香りが胸いっぱいに満ちてくる。

千穂は足の向きを変え、細い道を上る。どうしても、あの樹が見たくなったのだ。塾の時間が迫っていたけれど、②ガマンできなかった。ふいに鼻腔をくすぐった緑の香りが自分を誘っているように感じる。大樹が呼んでいるような気がする。

だけど、まだ、あるだろうか。とっくに切られちゃったかもしれない。切られてしまって、何もないかもしれない。

心が揺れる。ドキドキする。

「あっ！」

叫んでいた。大樹はあった。四方に枝を伸ばし、緑の葉を茂らせて立っていた。昔と同じだった。何も変わっていない。周りに設けられた囲いはぼろぼろになって、地面に倒れている。だけど、大樹はそのままだ。

千穂はカバンを放り出し、スニーカーを脱ぐと、太い幹に手をかけた。あちこちに小さな洞やコブがある。登るのは簡単だった。まん中あたり、千穂の腕ぐらいの太さの枝がにゅっと伸びている。足を滑らせた枝だろうか。よくわからない。枝に腰かけると、眼下に街が見渡せた。金色の風景だ。光で織った薄い布を街全体にふわりとかぶせたような金色の風景。そして、緑の香り。

そうだ、そうだ、こんな風景を眺めるたびに、胸がドキドキした。この香りを嗅ぐたびに幸せな気持ちになった。そして思ったのだ。

あたし、絵を描く人になりたい。

理屈じゃなかった。描きたいという気持ちが突き上げてきて、千穂の胸を強く叩いたのだ。そして今も思った。

描きたいなあ。

今、見ている美しい風景をカンバスに写し取りたい。

画家なんて（1）大仰なものでなくていい。絵を描くことに関わる仕事がしたかった。芸術科のある高校に行きたい。けれど、母の美千恵には言い出せなかった。母からは、開業医の父の跡を③ツぐために、医系コースのある進学校を受験するように言われていた。祖父も曽祖父も医者だったから、一人娘の千穂が医者を目指すのは当然だと考えているのだ。芸術科なんてとんでもない話だろう。

絵描きになりたい？千穂、あなた、何を考えてるの。絵を描くなら④シュミ程度にしときなさい。夢みたいなこと言わないの。

そう、（２）一笑に付されるにちがいない。大きく、深く、ため息をつく。

お母さんはあたしの気持ちなんかわからない。わかろうとしない。なんでもかんでも押しつけて……あたし、ロボットじゃないのに。

Ａ　ざわざわと葉が揺れた。

［　Ⅰ　］

かすかな声が聞こえた。聞こえたような気がした。（３）■を澄ます。

［　Ⅱ　］

そうよ。お母さんは、あたしのことなんかこれっぽっちも考えてくれなくて、命令ばかりするの。

［　Ⅲ　］

緑の香りが強くなる。頭の中に記憶がきらめく。

千穂が枝から落ちたと聞いて美千恵は、⑤ケッソウをかえてとんできた。そして、泣きながら千穂を抱きしめたのだ。

「千穂、千穂、無事だったのね。よかった、よかった。生きていてよかった」

美千恵はぼろぼろと涙をこぼし、「よかったよかった」と何度も繰り返した。

「だいじな、だいじな私の千穂」そうも言った。母の胸に抱かれ、その温かさを感じながら、千穂も「ごめんなさい」を繰り返した。

ごめんなさい、お母さん。ありがとう、お母さん。

［　Ⅳ　］

うん、思い出した。

そうだった。この樹の下で、あたしはお母さんに抱きしめられたんだ。しっかりと抱きしめられた。

緑の香りを吸い込む。

これから家に帰り、ちゃんと話そう。あたしはどう生きたいのか、お母さんに伝えよう。ちゃんと伝えられる自信がなくて、ぶつかるのが怖くて、お母さんのせいにして逃げていた。そんなこと、もうやめよう。お母さんに、あたしの夢を聞いてもらうんだ。あたしの意志であたしの未来を決めるんだ。

Ｂ　大樹の幹をそっとなでる。

ありがとう。思い出させてくれてありがとう。

樹はもう何も言わなかった。

風が吹き、緑の香りがひときわ、濃くなった。Ｃ　千穂はもう一度、深くその香りを吸い込んでみた。

（あさのあつこ「みどり色の記憶」より　出題のため文章や語句に変更がなされています）

問１　傍線部①～⑤のカタカナを漢字になおしなさい。

問２　⑴　二重傍線部（１）の意味として適切なものを次の中から選び記号で答えなさい。

ア　仰ぎ見るもの　イ　甚大なもの　ウ　誇大なもの
エ　偉大なもの　オ　夢中になるもの

⑵　二重傍線部（２）の意味として適切なものを次の中から選び記号で答えなさい。

ア　子供扱いされる　イ　笑いものにされる
ウ　面倒をみない　エ　諦めきれない
オ　相手にされない

⑶　二重傍線部（３）の■を補うのに適切な漢字一文字を答えなさい。

問３　空欄Ⅰ～Ⅳを補うのに適切な一文をそれぞれ次の中から選び記号で答えなさい。

ア　そうかな、そうかな、本当にそうかな。
イ　思い出したかい？
ウ　そうかな。
エ　そうかな、そうかな、よく思い出してごらん。

問４　波線部Ａについて、この一文と呼応する表現を探し出し、その一文を答えなさい。

問５　波線部Ｂについて、このようにした時の「千穂」の心情を五十文字以内で述べなさい。

問６　波線部Ｃとあるが、ここで表現されている「大樹」について、どのような役割があると考えられるか、その説明として適切なものを次の中から選び記号で答えなさい。

ア　「千穂」が思い出にひたれるように、枝を伸ばしたり、葉を揺らしていつも見守っているという安心感を与える役割。
イ　「千穂」に優しく語りかけて記憶を呼び覚まし、自分の思いを母に伝える勇気を与えてくれるものとしての役割。
ウ　意志が明確でない「千穂」を激励し、厳しくも温かな先生のような立場で将来について具体的に示唆する役割。
エ　「千穂」は母親と意見がかみ合わず、悩んでいる彼女に大きな視点に立って考えることの重要性を与える父親のような役割。
オ　進路がなかなか決まらない「千穂」にも必ず自分の良さを再認識できる日が来ることをそれとなく暗示する役割。

問７　この文章の中で、常に「千穂」の意識にあるものとして表現されている語句を本文中から四文字で抜き出して答えなさい。

三　次の文章を読んで後の問いに答えなさい。（設問の都合上、本文の一部を改めました）

すべて蜂は、形小さき物なれども、※仁智の心ありといへり。※さればにや、京極太政大臣※宗輔公は、蜂をいくらともなく飼ひたまひて、※何丸・彼丸と名をつけて呼び給ひければ、召しにしたがひて、※恪勤の者などを※勘当し給ひけるには、「何丸、某刺して来」と、のたまひければ、そのままにぞふるまひ（　　）。出仕の時、※車のうらうへの物見に※はらめきけるを、「とどまれ」と、のたまひければ、とどまりけり。世には蜂飼の大臣とぞ申しける。①あやしの徳おはしける人なり。この殿の蜂を飼ひ給ふを、世の人、※無益の事といひける程に、②皐月のころ、※鳥羽殿にて、蜂の巣の※にはかに落ちて、御前に多く③飛び散りたりければ、人々刺されじとて、逃げ騒ぎけるに、相国、御前に※枇杷のありけるを一房とりて、※琴爪にて皮をむきて、④さしあげられたりければ、蜂のある限り取りつきて、散らざりけるを、付けながら※供人をめして、※やをらたびてけり。院は「※かしこくぞ宗輔が候ひて」と仰せられて、御感ありけり。

（『十訓抄』による）

（注）※仁智の心…情けと知恵の心。
※さればにや…そうだからであろうか。
※宗輔…藤原宗輔。後出の「相国」も同じ。
※何丸・彼丸…何とか丸、かんとか丸。具体的な名前が入る。
※恪勤の者…宮中や大臣家に使われる侍。
※勘当す…叱る、懲らしめる。
※車のうらうへ（裏表）の物見…牛車の左右の窓。
※はらめく…ぶんぶん飛びまわる。
※無益…むだである、役に立たない。
※鳥羽殿…鳥羽離宮。山城国紀伊郡鳥羽にあった。
※にはかに…突然、急に。
※枇杷…バラ科の常緑高木、および食用となるその実。原産は中国南西部で、日本では四国、九州に自生する。
※琴爪…箏を弾くときに指にはめる、爪形のもの。象牙・獣骨・竹などで作り、右手の親指・人さし指・中指にはめる。
※供人…従者。
※やをら…しずかに、そっと。
※かしこくぞ…運よく、都合よく。

問１　本文中の空欄を補うのに適切な語句を次の中から選び記号で答えなさい。
ア　けら　イ　けり　ウ　ける　エ　けれ

問２　傍線部①「あやしの」の意味を答えなさい。

問３　傍線部②「皐月」の読みを答えなさい。また、これは陰暦何月のことか。漢数字で答えなさい。

問４　傍線部③・④の主語を、それぞれ本文中から抜き出して答えなさい。

問５　本文を内容の上から二つに分けるとき、後半はどこから始まるか。その文の初めの五文字を抜き出して答えなさい。

問６　本文の内容と合致するものを次の中から選び記号で答えなさい。
ア　宗輔は飼っている蜂の中で、とくにすぐれたものを選んで、その個体だけに名前をつけて愛玩していた。
イ　蜂を自由自在にあやつる宗輔を見て、世間の人は便利な才能だといって、口々にほめあっていた。
ウ　鳥羽殿での蜂の巣の騒ぎを収めるために、宗輔は枇杷の実をちぎって人のいないあたりへ放り投げた。
エ　宗輔は枇杷の枝で蜂を集めたところ、それを鳥羽院が見て宗輔は優秀である、とおほめになった。
オ　宗輔は鳥羽殿での蜂の巣の騒ぎを収めたことで、世間では蜂飼の大臣と呼ばれるようになった。

国語９

四　次の各問いに答えなさい。

問１　次の（１）～（３）の類義語と（４）～（６）の対義語をそれぞれ後の語群から選び正しい漢字になおして答えなさい。

（１）天然　（２）完全　（３）有名

（４）相対　（５）減少　（６）肯定

【語群】きょうい・しぜん・ぜったい・ぞうか・ちょめい・ひてい・ふくざつ・むけつ

問２　次の空欄に体の一部をあらわす漢字を補って慣用句を完成させ、その意味として適切なものをそれぞれ後の語群から選び記号で答えなさい。

（１）（　　）が固い　　（２）（　　）が高い

（３）（　　）をはさむ　　（４）（　　）が立たない

（５）（　　）が売れる

【語群】
ア　考え方が柔軟でない。
イ　自分の力が足りず、とても取り組めない。
ウ　話をしている中に割り込んでしゃべる。
エ　広く世間に知られ、有名になる。
オ　ものの良し悪しを見分ける力がある。

問３　次の各文の傍線部の意味として適切なものをそれぞれ選び記号で答えなさい。

（１）「前々駅を出ました」という表示が出た途端、これなら辛うじて間に合うなとほっとした。

ア　余裕をもって　　イ　もしかしたら
ウ　惜しくも　　エ　ぎりぎりのところで

（２）地図を頼りにしゃにむに走る。行っても行ってもまだ奥だった。

ア　他のことは考えずひたすらに　　イ　迷いながら
ウ　期待に胸をふくらませ　　エ　心の不安を隠して

（３）出産や死というもっとものっぴきならない瞬間も家庭の外へと去った。

ア　忘れることができない　　イ　隠すことができない
ウ　避けることができない　　エ　二度とやり直せない

（４）父は近所の苦情をないがしろにできず、木を切り倒した。

ア　誠意をもってこたえる　　イ　批判をうけいれない
ウ　興味をもって聞く　　エ　ものごとを軽んじる

（５）そのアイデアは人と物の生きた関係を、とかくなおざりにしがちである。

ア　ゆるやかに　　イ　ていねいに
ウ　こまやかに　　エ　おろそかに

令和６年度

鵬翔高等学校入学試験問題

理　科

第４時限（12 時 30 分～ 13 時 15 分）

時間４５分

（注　意）

1.「始め」の合図があるまで、このページ以外のところを見てはいけません。

2. 問題用紙は表紙を除いて９ページ、問題は４題です。

3.「始め」の合図があったら、まず解答用紙に**志望学科・コース・受験番号・氏名**を記入し、 次に問題用紙のページ数を調べ、不備があれば申し出てください。

4. 答えは必ず解答用紙の指定欄に記入してください。

5.「やめ」の合図があったら、すぐ鉛筆を置き、解答用紙だけを裏返しにして机の上に置いてください。

1 **表**は、気体A～Eについて、におい、20℃における密度、気体の集め方、その他の性質をまとめたものである。気体A～Eは酸素、アンモニア、二酸化炭素、塩化水素、塩素のいずれかである。以下の各問いに答えなさい。

表

気体	A	B	C	D	E
におい	刺激臭	ない	刺激臭	刺激臭	ない
密度 (g/cm^3)	0.00153	0.00133	0.00072	③	0.00184
気体の集め方	下方置換法	水上置換法	上方置換法	④	下方置換法 水上置換法
その他の性質	緑色のBTB溶液を(①)色に変える	火のついた線香を入れると激しく燃える	緑色のBTB溶液を(②)色に変える	有毒で黄緑色・殺菌作用や漂白作用がある	石灰水を白く濁らせる

（1） 気体Aは何か。名称を答えよ。

（2） 気体Bは何か。名称を答えよ。

（3） 気体C、Eを発生させるために、最も適する発生装置と試薬（2つずつ）を選び、記号で答えよ。

〈発生装置〉

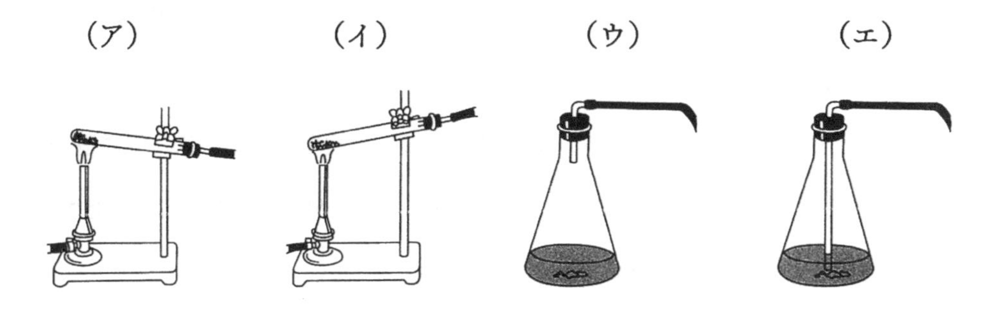

〈試薬〉

（a）塩化アンモニウム　（b）塩酸　（c）二酸化マンガン
（d）水酸化カルシウム　（e）過酸化水素水　（f）石灰石

（４） **表**の①、②に最も適する色を次の（ア）～（オ）よりそれぞれ選び、記号で答えよ。

（ア）赤　（イ）黄　（ウ）青　（エ）白　（オ）無

（５） 気体Ｄ 2000cm³ の質量を 20℃で測定したところ、6.0g であった。**表**の③の空欄を答えよ。

（６） **表**の④の空欄を答えよ。

（７） からのペットボトルに気体Ｅを十分に入れた後、すばやく少量の水を加え、すぐにふたをして振るという操作を行うと、ペットボトルがへこんだ。気体Ａ～Ｄについて同じ操作を行ったとき、ペットボトルがへこむものをすべて選び、記号で答えよ。

（８） 集気びんに気体Ｂと気体Ｅを１：１の割合で入れた。その中に火のついたろうそくを入れると炎が大きくなった。その理由を説明した次の文の空欄に最も適する数字を次の（ア）～（カ）よりそれぞれ選び、記号で答えよ。

空気中の気体Ｂの割合は約（ａ）％だが、集気びんの中の気体Ｂの割合は約（ｂ）％になるから

（ア）10　（イ）20　（ウ）30　（エ）40　（オ）50　（カ）60

2 サイエンス部のヒトシは、自分の住む地域の地層を調べるために地形図とボーリング調査の結果を得た。**図1**は、この地域の地形を等高線で表したものであり、地層を比べるために、**図1**中に正方形をつくりA～D地点とした。B地点はA地点の真南に、C地点はB地点の真西に、D地点はC地点の真北にある。**図2**は、ボーリング調査の結果をもとに作成したA～C地点の地層を模式的に示したものであり、D地点の地層については、ボーリング調査の結果を手に入れることができずわかっていない。なお、この地域の地層では、ⓐ火山灰の層は1つしかなく、断層やしゅう曲、地層の上下の逆転はみられず、それぞれの層は互いに平行に重なっており、ⓑ一定の方向に傾いていることがわかっている。これについて以下の各問いに答えなさい。

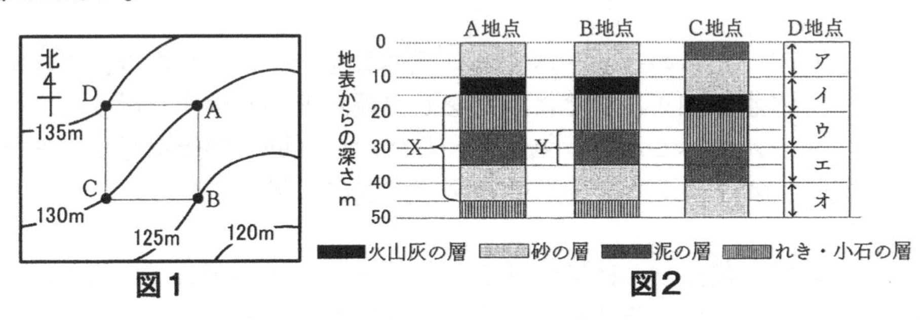

図1　　図2

（1） 下線部ⓐについて次の①、②の各問いに答えよ。

① 火山灰の層は離れた地点の地層を比べるときに利用されることが多い。このような地層を何層というか。

② この地域に火山灰の層があることから、この地域で過去にどのようなことが起こったと考えられるか。最も適するものを次の（ア）～（エ）より1つ選び、記号で答えよ。

（ア）大規模な洪水　（イ）大規模な森林火災
（ウ）大規模な地震　（エ）大規模な火山活動

（2） この地域の地層からはサンゴの化石が見つかっており、この地域は過去に暖かい浅い海であったことがわかっている。これについて次の①、②の各問いに答えよ。

① サンゴの化石のように、地層ができた当時の環境を知る手がかりになる化石を何というか。

② **図2**のA地点のXで示した部分の地層ができるとき、この地域の海の深さはどのように変化していたと考えられるか。最も適するものを次の（ア）～（エ）より1つ選び、記号で答えよ。

（ア）だんだん浅くなっていった。（イ）一度浅くなった後、深くなった。
（ウ）だんだん深くなっていった。（エ）一度深くなった後、浅くなった。

2024(R6) 鵬翔高
教英出版

（３） **図２**のＹの層からはキョウリュウの化石が見つかった。これについて次の①、②の各問いに答えよ。

① キョウリュウの化石のように、地層ができた年代を推測する手がかりになる化石を何というか。

② **図２**のＹの地層から見つかる可能性のある化石として最も適するものを次の（ア）～（エ）より１つ選び、記号で答えよ。

（ア）サンヨウチュウの化石　（イ）アンモナイトの化石
（ウ）ビカリヤの化石　（エ）マンモスの化石

（４） 下線部ⓑについて、**図２**のＡ～Ｃ地点の地層のようすをもとに次の①、②の各問いに答えよ。

① **図２**のように地層をつくる岩石や堆積物のようすを柱状に示した図を何というか。

② この地域の地層はどの方位に向かって傾いているか。最も適するものを次の（ア）～（エ）より１つ選び、記号で答えよ。

（ア）東に向かって低くなっている。
（イ）西に向かって低くなっている。
（ウ）南に向かって低くなっている。
（エ）北に向かって低くなっている。

（５） Ｄ地点の地層において、Ａ～Ｃ地点でみられたものと同じ火山灰の層がみられるのは、地表からどれくらいの深さか。火山灰の層がみられる深さの範囲として最も適するものを**図２**のＤ地点のア～オより１つ選び、記号で答えよ。

3 消化器官の検査のために入院したくみ子さんは、朝・昼・夕と決められたメニュー通りの食事が出ることで、食べ物に含まれる栄養素、消化のしくみに興味をもった。次に示す実験は、くみ子さんが退院後に消化のしくみを調べるため行ったものである。実験の文章を読み以下の各問いに答えなさい。

〈実験〉

試験管Ａ～Ｄ４本を用意し、試験管Ａ・Ｃには１％デンプンのり10cm³を、試験管Ｂ・Ｄには水を10cm³ずつ入れた。次に試験管Ａ・Ｂにはだ液を少量加え、試験管Ｃ・Ｄには水を加え、試験管Ａ～Ｄを約40℃のお湯を入れたビーカーの中に５～10分間入れた。その後、試験管Ａ～Ｄを、それぞれ2本ずつ別々の試験管に取り、片方にはヨウ素液を2、3滴加え、もう片方にはベネジクト液を少量加え軽く振り、色の変化を見た。その結果、①ヨウ素液で反応した試験管が1本あったが、ベネジクト液と反応したものは1本も無かった。

ベネジクト液と反応したものが無かったことを不思議に思ったくみ子さんは、だ液の量が少なかったことが原因かもしれないと考え、綿棒を使い、だ液をたっぷりと取って同じ実験を行ったが、ベネジクト液と反応したものはなかった。そこで、もう一度実験操作を見直したところ、ベネジクト液を加えた後に②ある操作をすることを忘れていたことに気付いた。改めて実験を行うと、ヨウ素液で反応した試験管と③ベネジクト液で反応した試験管がそれぞれ1本ずつあった。

（１） 下線部①のヨウ素液に反応した試験管はどれか。試験管Ａ～Ｄより1つ選び、記号で答えよ。また、反応した試験管内の色を答えよ。

（２） 下線部②についてある操作とはどのような操作か。漢字２文字で答えよ。

（３） 下線部③のベネジクト液に反応した試験管はどれか。試験管Ａ～Ｄより1つ選び、記号で答えよ。また、実験後しばらく放置したあとの試験管内の沈殿物の色を答えよ。

（４） 次の文は、実験をもとに、くみ子さんが消化についてまとめたものである。文の空欄に適する語句を次の（ア）～（オ）よりそれぞれ選び、記号で答えよ。また、下線部の消化酵素を何というか答えよ。

食べ物に含まれるデンプンは、だ液により（ ① ）に変えられる。これは、だ液にデンプンを分解して吸収されやすい物質に変える消化酵素が含まれるからである。そのはたらきにより分子の（ ② ）物質は、分子の（ ③ ）物質に分解され吸収される。

（ア）大きい　（イ）小さい　（ウ）糖　（エ）アミノ酸　（オ）脂肪酸

（５） **図**は、ヒトの消化器官を示したものである。次の①、②の各問いに答えよ。

① すい液を出す器官を、**図**のＡ～Ｇより１つ選び、記号で答えよ。

② すい液中に含まれる消化酵素は何を分解するか。次の（ア）～（ウ）よりあてはまるものをすべて選び、記号で答えよ。

（ア）デンプン
（イ）タンパク質
（ウ）脂肪

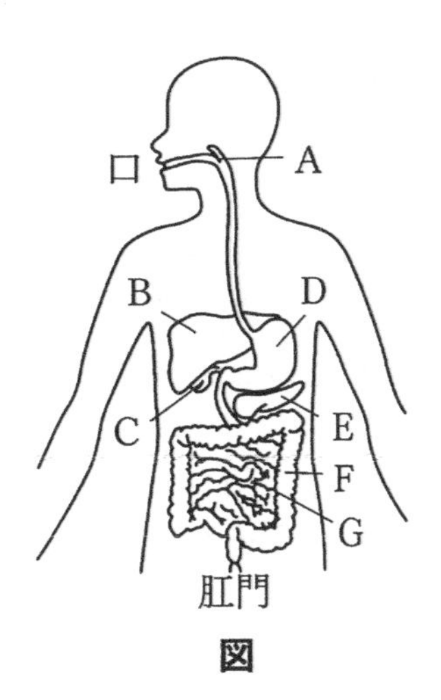

図

（６） 食べ物に含まれる五大栄養素について次の①、②の各問いに答えよ。

① おもに体の材料として使われる栄養素は何か。栄養素名を答えよ。

② おもに体の調子をととのえるはたらきをしている栄養素で、血液の材料にもなっているものを、次の（ア）～（エ）より２つ選び、記号で答えよ。

（ア）ビタミン　（イ）カルシウム　（ウ）ナトリウム　（エ）鉄

4 凸レンズの性質を調べるために、次の実験1～4をおこなった。以下の各問いに答えなさい。

〈実験1〉 **図1**のように、物体(矢印の形の穴をあけた板)と光源、焦点距離4cmの凸レンズ、スクリーン、光学台を用いて、スクリーンに像を映す実験をおこなった。凸レンズを光学台の中央に固定し、物体とスクリーンを動かして、スクリーンに物体と同じ大きさの実像を映した。

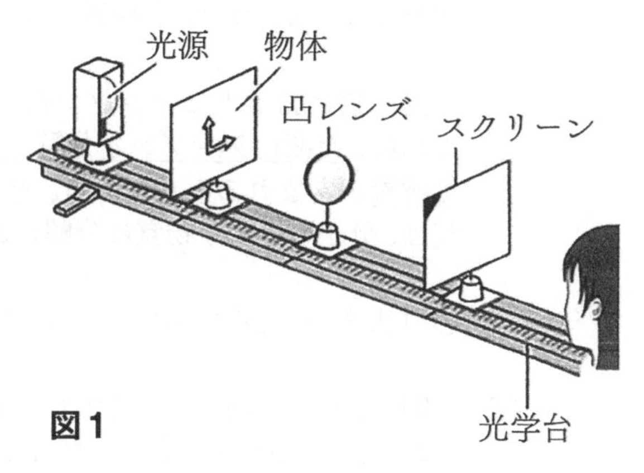

図1

〈実験2〉 **実験1**で、凸レンズに物体を近づけると実像がスクリーンに映らなくなった。そこで、光源とスクリーンを取り外し、凸レンズを通して物体を見ると、実際の物体より大きな像が見えた。

〈実験3〉 凸レンズと物体の距離を12cmに固定し、スクリーンを動かして、スクリーンに実像を映した。

〈実験4〉 スクリーンにはっきりとした実像ができたとき、**図2**のように厚紙で凸レンズの下半分をおおった。

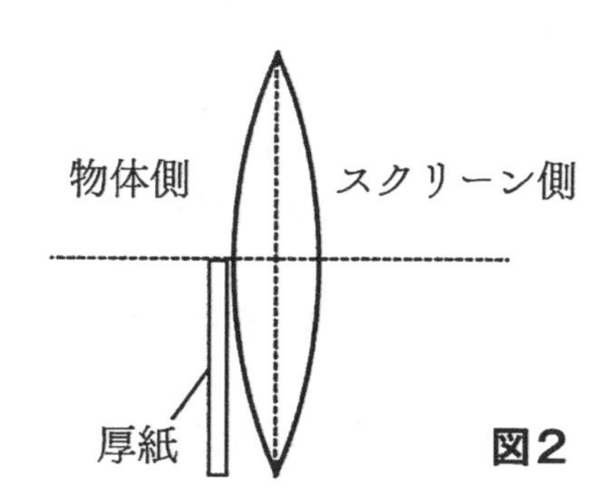

図2

(1) **実験1**でスクリーンに物体と同じ大きさの実像を映したとき、凸レンズとスクリーンの距離は何cmか。

(2) **実験1**で**図1**の観測者からスクリーンを見た場合、スクリーンに映った実像はどのように見えるか。次のア～エより正しいものを1つ選び、記号で答えよ。

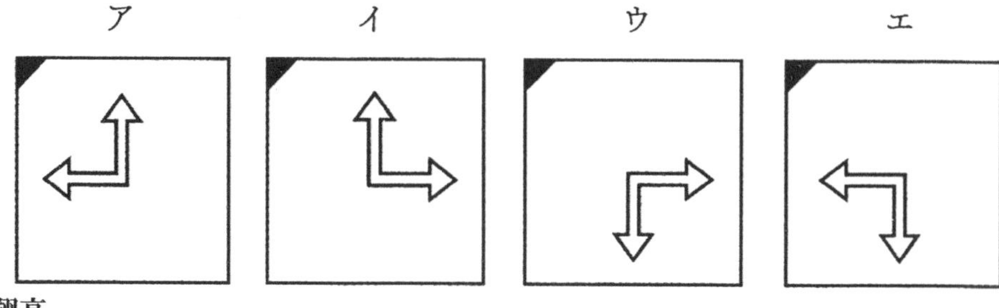

（3）　**図３**は、ヒトの目のつくりを模式的に表したものである。**図１**のスクリーンのように、ヒトの目で実像を映す部分はどこか。**図３**のア～カより最も適するものを１つ選び、記号で答えよ。

ア　イ　ウ　エ　オ　カ

図３

（4）　実像は凸レンズで屈折した光が集まることによってできることがわかった。屈折に関係する現象について述べたものはどれか。次の（ア）～（エ）より最も適するものを１つ選び、記号で答えよ。

（ア）　夕方には物体の影が長く伸びる。
（イ）　曲がり角に設置しているカーブミラーを見ると車が来ているかを確認できる。
（ウ）　光ファイバーに光を通すと、ケーブルが曲がっていても光を通すことができる。
（エ）　川や池の底をのぞくと、実際の水深より浅く見えるので注意しなければならない。

（5）　ヒトの目は、年齢とともに水晶体が弾力を失い、厚くふくらむことができなくなり、近くのものが見えづらくなる。これは水晶体の光を集めるはたらきが弱くなるからである。これを解消するために老眼鏡がある。近視用の眼鏡も含め、眼鏡は光の屈折を利用したものである。老眼鏡は凸レンズと凹レンズのどちらになるか。ただし、ここでは中心の厚さが周りよりも厚いものを凸レンズ、薄いものを凹レンズに分類するものとする。

（6）　**実験２**において、凸レンズを通して見えた像のことを何というか。

（7）　（6）の像は凸レンズを通してどのように見えているか。次の（ア）～（エ）より正しいものを１つ選び、記号で答えよ。

（ア）
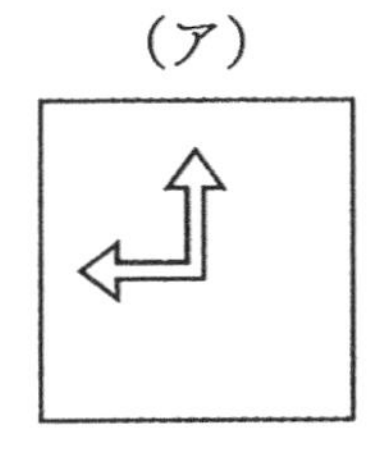

（イ）
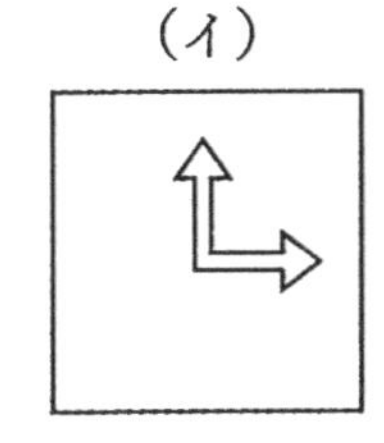

（ウ）
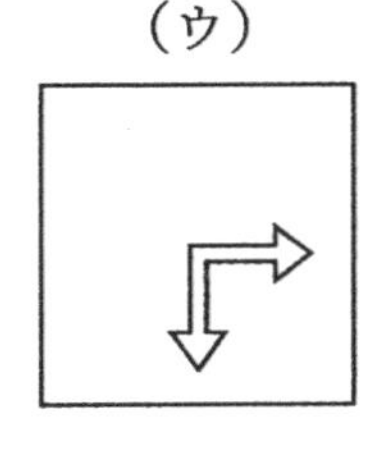

（エ）
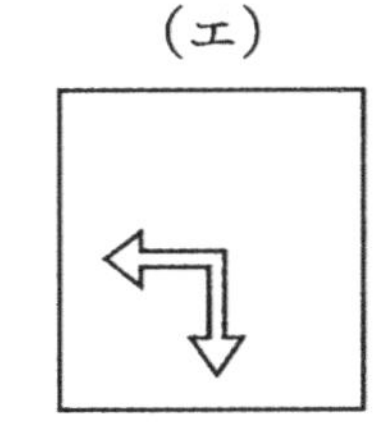

（８） **実験３**について、**図４**は物体の１点Ｐと凸レンズ、凸レンズの焦点の位置を示したものであり、●印は凸レンズの焦点である。実像ができる位置を作図によって求めたい。次の①、②の各問いに答えよ。ただし、光は凸レンズの中心線上で屈折するものとし、**図４**の目盛は１cm 間隔であるとし、解答は解答用紙に記入せよ。

① 物体の１点Ｐから光軸に平行に凸レンズに入った光が、凸レンズを通過後に通る道すじを直線を使って表せ。

② 物体の１点Ｐから凸レンズの手前の焦点を通って凸レンズに入った光が、凸レンズを通過後に通る道すじを直線を使って表せ。

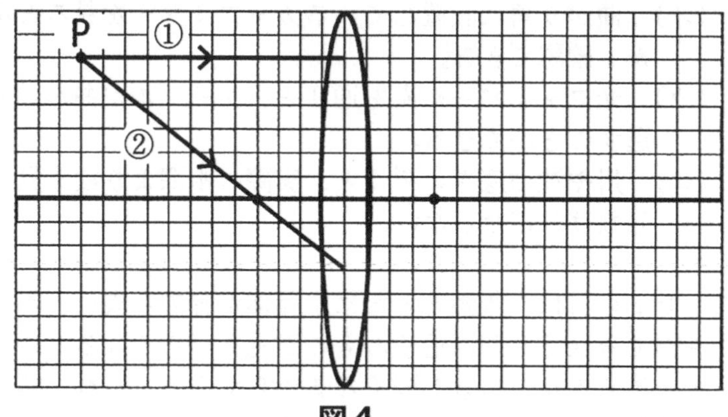

図４

（９） **実験４**において、厚紙でレンズの下半分をおおう前に比べて、①像の大きさ、②像の明るさ、③像の形はどうなるか。それぞれについて、最も適するものを（ア）～（ウ）より１つずつ選び、記号で答えよ。

① （ア）大きくなる （イ）小さくなる （ウ）変わらない
② （ア）明るくなる （イ）暗くなる （ウ）変わらない
③ （ア）物体の上半分の形になる （イ）物体の下半分の形になる
（ウ）変わらない

令和６年度

鵬翔高等学校入学試験問題

社　会

第３時限（11時00分～11時45分）

時間45分

（注　意）

１．「始め」の合図があるまで、このページ以外のところを見てはいけません。

２．問題用紙は表紙を除いて13ページ、問題は４題です。

３．「始め」の合図があったら、まず解答用紙に**志望学科・コース・受験番号・氏名**を記入し、次に問題用紙のページ数を調べ、不備があれば申し出てください。

４．答えは必ず解答用紙の指定欄に記入してください。

５．「やめ」の合図があったら、すぐ鉛筆を置き、解答用紙だけを裏返しにして机の上に置いてください。

1 アフリカに関する次の略地図と資料Ⅰ・Ⅱを見て、各問いに答えなさい。

＜略地図＞

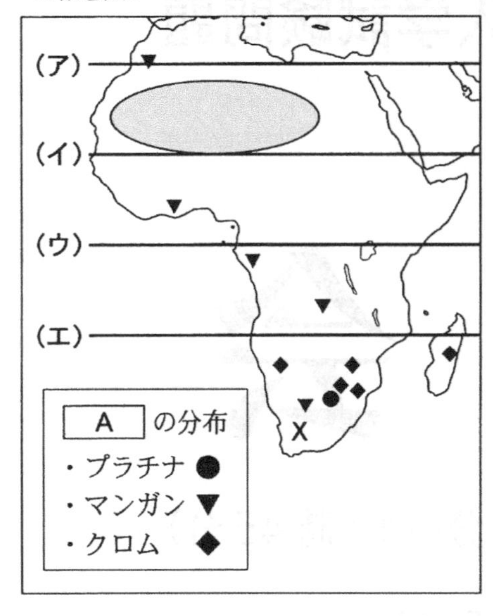

＜資料Ⅰ＞ 大陸別の気候帯の割合（%）

	a	b	c	d
熱帯	7.4	5.2	38.6	63.4
乾燥帯	26.1	14.4	46.7	14.0
温帯	17.5	13.5	14.7	21.0
亜寒帯	39.2	43.4	0.0	0.0
寒帯	9.8	23.5	0.0	1.6

（「データブック オブ・ザ・ワールド 2019年版」により作成）

＜資料Ⅱ＞ 国別の輸出額に占める主な輸出品の割合

国	輸出品の割合
エチオピア	コーヒー豆 41.5、野菜・果実 16.4、金 7.5、その他 34.6
ボツワナ	ダイヤモンド 88.7、機械類 2.9、その他 8.4
コートジボワール	カカオ豆 27.9、野菜・果実 11.4、金 6.6、天然ゴム 6.6、その他 47.5

0　50　100%

※エチオピアは2016年、ボツワナとコートジボワールは2017年の値を示している

（「世界国勢図会 2019/20年版」により作成）

問１　略地図中の（ア）～（エ）から赤道にあたるものを答えよ。

問２　資料Ⅰのａ～ｄは、アフリカ、北アメリカ、南アメリカ、ユーラシアいずれかの大陸の気候帯の割合を示したものである。アフリカ大陸にあたるものをａ～ｄから１つ選び、記号で答えよ。

問３　略地図中の A には、近年スマートフォンなどの電子機器に使われている金属の総称が入る。A に当てはまる語句を答えよ。

問４　資料Ⅱのような特定の産物の輸出に頼る経済を何というか。答えよ。

問５　略地図中の（楕円）は砂漠を表している。この砂漠の名称を答えよ。

問６　略地図中の X で示された地点の気温と降水量を表したグラフはどれか。下の（ア）～（エ）から１つ選び、記号で答えよ。

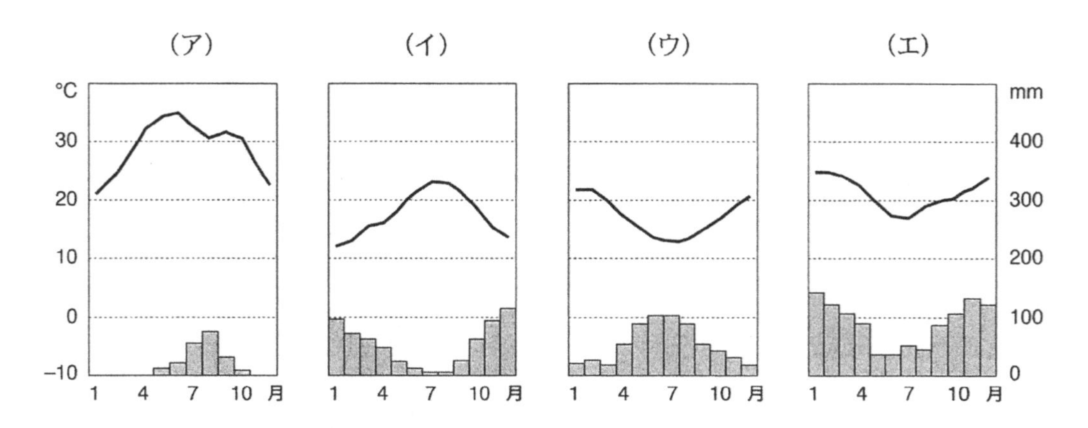

問７　下の地図中のヤムスクロを首都とする国と隣国のガーナで世界総生産の半分以上を占める農作物は何か。答えよ。

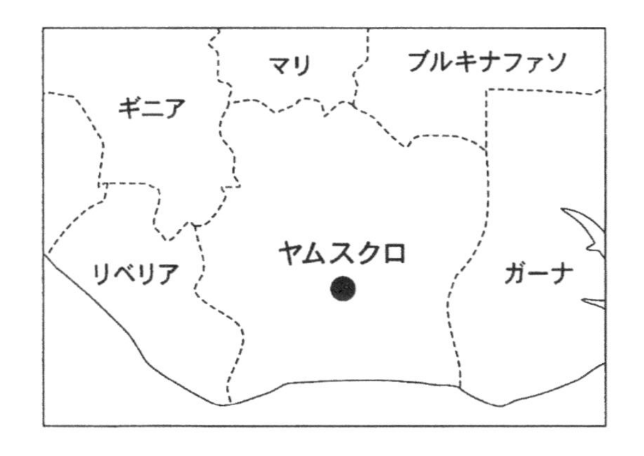

問８　上記の問７で答えた農作物など、生産者と消費者が協力して、自然環境や双方の健康的な生活への配慮に取り組む新しいかたちの貿易を何というか。答えよ。

問９　次の地形図は鳥取市の一部を表したものである。この地形図について、各問いに答えよ。

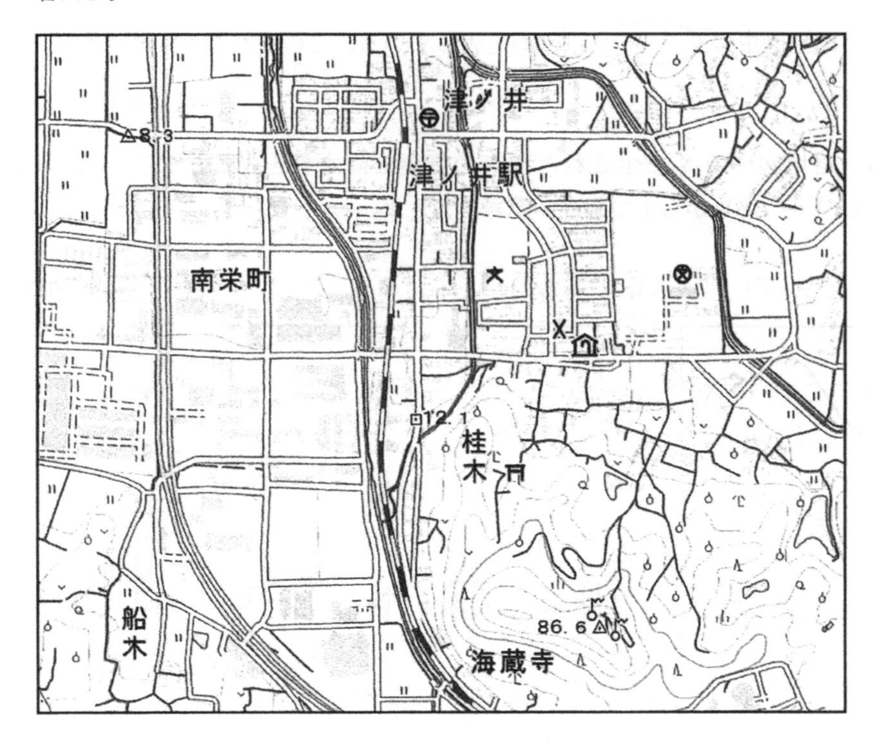

（ｉ）　地形図から読み取れるものとして<u>誤っているもの</u>を、下の（ア）～（エ）から１つ選び、記号で答えよ。

（ア）傾斜地付近にはいくつかの貯水池がある。
（イ）高等学校の東側に田があり、南側に畑がある。
（ウ）傾斜地で果樹が栽培されている。
（エ）津ノ井駅の南東の方向に消防署がある。

（ii）「海蔵寺」にある三角点の周辺には、土地の起伏の様子を表すための線がある。このように、土地の起伏の様子を表すための線は何と呼ばれているか。答えよ。

（iii）　地形図を25,000分の１の地図とした場合、郵便局から「桂木」にある神社までを直線で結び、その長さを３cmだったとすると、実際の直線距離で何ｍになるか。答えよ。

問10 次のグラフは、下の地図中のＡ～Ｄの都道府県庁がある都市の降水量を表している。地図中Ａにあてはまるものはどれか、下の（ア）～（エ）から１つ選び、記号で答えよ。

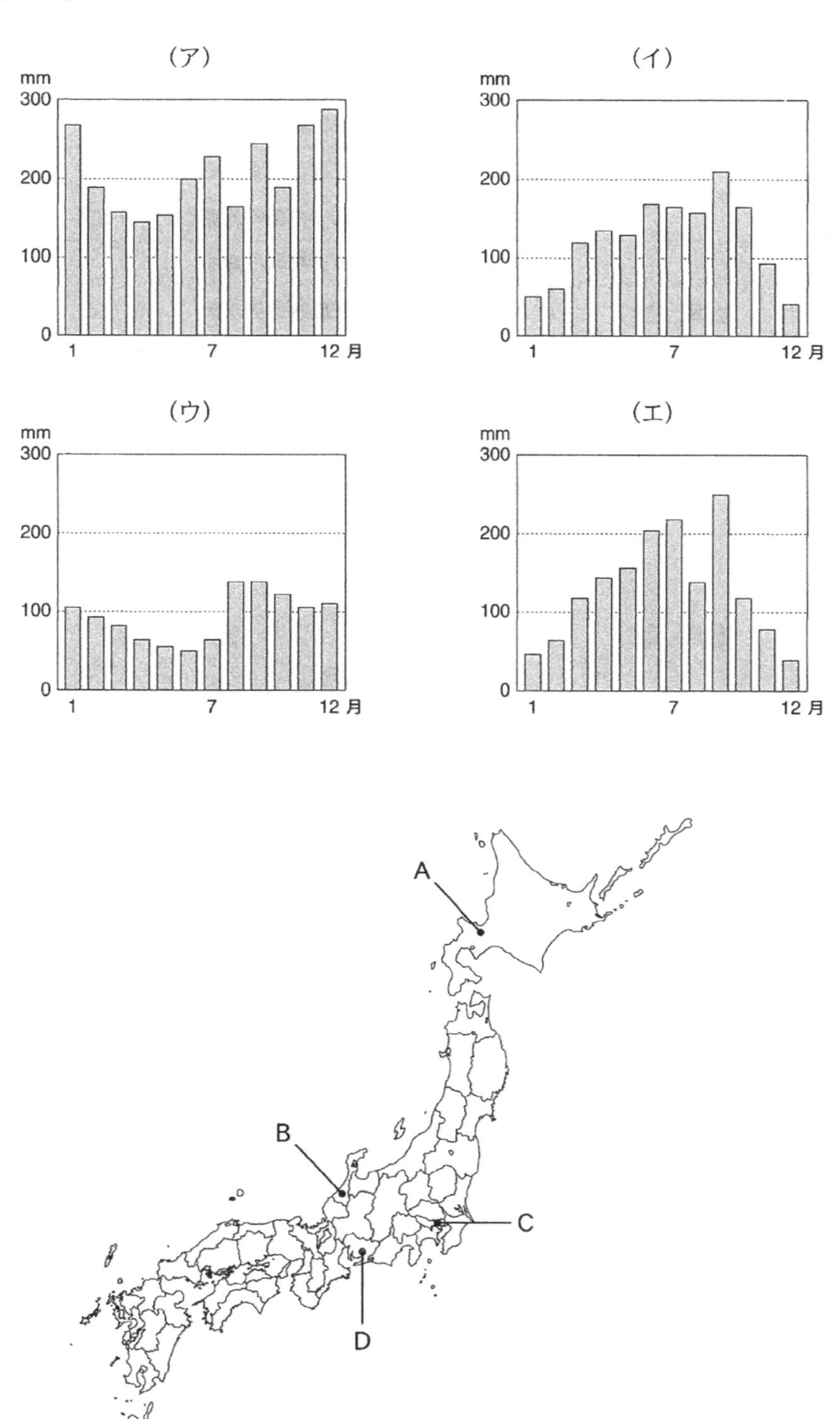

2 翔太さんは、古代から近現代の外交について調べ、次のようにまとめた。まとめた表をみて、各問いに答えなさい。

時　代	主な外交
弥　生	57年　a 倭の奴の国王が漢に使いを送る 239年　卑弥呼が魏に使いを送る
b 古　墳	391年　倭が百済・新羅と戦う 478年　倭王武が中国の南朝に使いを送る
c 飛　鳥	607年　小野妹子を隋に送る 630年　第１回遣唐使を送る 663年　白村江の戦い
奈　良	d 遣唐使をさかんに派遣する 鑑真が来日する
平　安	894年　遣唐使を停止する e 日宋貿易
f 鎌　倉	1274年　文永の役 1281年　弘安の役 （文永の役・弘安の役）─ g 元寇
h 室　町	1404年　日明貿易が始まる
安土桃山	1582年　天正遣欧使節をローマ教皇のもとに派遣する 1592年　i 豊臣秀吉が朝鮮侵略を開始する
江　戸	1853年　ペリーが来航する 1854年　日米和親条約を結ぶ 1858年　j 日米修好通商条約を結ぶ
明　治	1894年　治外法権を撤廃する 1902年　日英同盟を結ぶ 1911年　k 関税自主権を回復する
大　正	1914年　l 第一次世界大戦に参戦する 1915年　中国に21か条の要求を出す
昭　和	1931年　満州事変が起こる 1937年　日中戦争が始まる 1941年　アジア太平洋戦争が始まる 1945年　ポツダム宣言を受諾する 1956年　m 国際連合に加盟する

社会6

問1　下線部aについて、この時にもらったものと考えられる金印が発見された都道府県はどこか。答えよ。

問2　下線部bについて、この時代の埼玉県や熊本県の古墳から出土した刀剣に同一人物の名前が記されていることから、大和王権の支配領域が関東地方から九州地方にまで及んでいたことがわかる。この出土した刀剣に記されている人物は誰か。**カタカナ5字**で答えよ。

問3　下線部cについて、この時代に唐が中国を統一し、その勢力は朝鮮半島にも及ぶようになった。その情勢を知り日本でも中央集権化がはかられるようになり、645年中大兄皇子らは蘇我氏を滅ぼし政治改革をおこなった。この政治改革を何というか。答えよ。

問4　下線部dについて、遣唐使は唐の政治だけではなく新しい文化ももたらした。この時期の日本の文化は国際色が豊かなものとなり、それをよくあらわすものが聖武天皇の遺品である。その遺品が納められている宝庫を何というか。答えよ。

問5　下線部eについて、日宋貿易を発展させるために航路や港の整備を積極的に行った人物は誰か。下の（ア）～（エ）から１つ選び、記号で答えよ。

（ア）藤原道長　（イ）源頼朝　（ウ）平清盛　（エ）白河天皇

問6　下線部fについて、この時代は戦乱やききんなどの災害が続いたため、仏教界で新しい動きがみられた。この時代の仏教について述べたものとして**正しいもの**を、下の（ア）～（エ）から１つ選び、記号で答えよ。

（ア）親鸞の弟子の法然が浄土真宗を開いた。
（イ）日蓮は法華経の題目をとなえれば救われるという教えを広めた。
（ウ）栄西は念仏の札を配り、念仏をすすめる時宗を広めた。
（エ）一遍は座禅によって自分で悟りを開く禅宗を伝えた。

問７　下線部ｇについて、西日本の御家人たちは恩賞を期待し戦ったが、十分な恩賞は与えられなかった。その後、御家人らは様々な原因が重なり困窮化した。そのような御家人たちを救うために、幕府は次のような内容の法令を出した。この法令を何というか。答えよ。

一　質入れや売買した土地について
　所領を質に入れて流したり、売買したりすることは御家人たちが落ちぶるもとであるので、今後はいっさいやめよ。
　次に御家人以外の武士や一般の者が御家人から買った所領は、20年以上たっていても、返すこと。

問８　下線部ｈについて、この時代の蝦夷地や琉球について述べた次の文 X と Y について、その正誤の組み合わせとして**正しいもの**を、下の（ア）～（エ）から１つ選び、記号で答えよ。

X　アイヌの人々は不利な交易に不満をつのらせ、シャクシャインを中心に反乱をおこした。
Y　中山王となった尚巴志が三山を統一し、琉球王国をたてた。

（ア）X：正　Y：正　　（イ）X：正　Y：誤
（ウ）X：誤　Y：正　　（エ）X：誤　Y：誤

問９　下線部ｉについて、豊臣秀吉が行った政策について述べた文として**正しいもの**を、下の（ア）～（エ）から１つ選び、記号で答えよ。

（ア）全国でキリスト教を禁止した。
（イ）ますなどの基準を統一し、全国に役人を派遣して田畑の面積や耕作者などを調べさせ、村ごとに台帳を作成した。
（ウ）ききんなどの影響で都市に働きに出ていた農民を農村に戻し、農業に専念させようとした。
（エ）一向宗の中心であった大阪の石山本願寺を降伏させた。

問10　下線部ｊについて、この条約を締結した後、自由貿易が開始された。下の（ア）～（エ）のうち、貿易開始後の日本の経済状況について述べた文として**誤っているもの**を１つ選び、記号で答えよ。

（ア）日本から生糸や茶などが大量に輸出された。
（イ）輸出超過により国内で品不足が起こり、物価が高騰した。
（ウ）外国人によって金貨が大量に買われ、海外に日本の金貨が大量に流出した。
（エ）金の含有量を減らした金貨を作り流通させた結果、物価が下がった。

問11　下線部ｋについて、この交渉を成し遂げた宮崎県出身の人物は誰か。答えよ。

問12　下線部ｌについて、第一次世界大戦中の日本の経済について述べた文として**誤っているもの**を、下の（ア）～（エ）から１つ選び、記号で答えよ。

（ア）農業生産額が工業生産額を上回った。
（イ）中国への、綿糸・綿織物などの輸出が急増した。
（ウ）連合国から軍需品の注文が相次ぎ、造船・鉄鋼業が発展した。
（エ）ヨーロッパ諸国からの輸入にたよっていた染料や化学肥料の国産化が進んだ。

問13　下線部ｍについて、安全保障理事会の常任理事国となった五大国は、アメリカ・イギリス・ソ連・中国とどこか。答えよ。

3 次の中学校３年生の和彦さんと先生の公民学習についての会話文を読んで、各問いに答えなさい。

和彦　高校受験に備えて、この夏休みに総復習と予習をしようと考えています。特に公民が苦手なので、しっかりと理解していない用語の学習に力を入れようと思っています。

先生　気合が入っていますね。今から一緒にいくつかの用語を学習してみませんか。

和彦　ぜひお願いします。それでは、まず【少子高齢化】のページで出てくる合計特殊出生率という用語です。

先生　一人の女性が生涯に生む子供の数の平均を数値であらわしたものです。2017年の日本では（　a　）でした。ちなみに、2023年の日本の人口は2022年より約80万人減少し、14年連続マイナスとなっています。

和彦　それに伴う生産年齢人口の減少は、国というコミュニティーの維持にとって大きな課題ですね。それでは次に【情報化】のページに出てくる ①「人工知能」という用語です。これからは人工知能の判断で私たちの生活は豊かになっていくと習いました。

先生　人工知能では、②インターネットなどで集められた多くの情報の集積とコンピュータ分析・活用が重要になってきます。特に少子高齢化の社会では、大いに活用されていくでしょう。しかし、同時に人工知能がもつマイナス面も議論していかなければなりません。

和彦　何事も新しい事象にはメリット・デメリットに関する議論が必要ですね。では次に【人権】の学習についてお願いします。人権のなかの等しく生きる権利の学習では、「（　1　）デザイン」という用語がでてきました。この用語の何か具体的な例を教えてください。

先生　この用語が示す具体例は、「多目的トイレ」です。この施設は障がいのある方だけでなく最初からどんな人にも使いやすい施設として作られています。

和彦　確かに、高齢者・赤ちゃんがいる親など、障がいのある方以外でも使用できるための必要な用具がそろっていることが大切ですね。次に【民主政治】の学習では、（　2　）主義という言葉が記憶に残っていますが、今一歩はっきり理解できていません。

先生　（　2　）主義とは、どんな力をもった政治権力者も憲法に従い政治をしていかなければならないという考え方です。また、憲法には、③基本的人権の尊重や④権力分立などが規定されていることがもっとも重要なことです。

和彦　なるほどよく理解できました。今度は【地方自治】分野での「民主主義の学校」という用語です。なぜそういわれているのですか。

先生　地方自治では、地域の人々が政治に直接かかわる機会が多いからです。特に国政よりも政治に直接関わる例としては、（　3　）があります。地域の重要課題について（　3　）にて住民の意思が確認されることがあります。

和彦　最後に【経済面】のことを１つ教えてください、⑤景気と物価の関係についてです。教科書に載っていた物価と賃金のグラフを見ると、1976年からバブル景気末の（　b　）年代初めにかけて急激に物価が上昇しています。この期間、日本が好景気だったと歴史で学習しました。なぜ、好景気時に物価が上昇する傾向にあるのでしょうか。

先生　好景気の時に物価が上昇するのは、一般的に、⑥労働者の賃金が上昇し、商品の値段が高くてもモノが売れるからです。

和彦　先生、今日は様々な用語の解説をしていただきありがとうございました。

社会 10

問1　文中の（　a　）・（　b　）に適する数字を、下の（ア）～（カ）から1つずつ選び、記号で答えよ。

（ア）0.52	（イ）1.43	（ウ）2.56
（エ）1990	（オ）2000	（カ）2010

問2　文中の（　1　）～（　3　）に適する語句を、それぞれ答えよ。

問3　文中の下線部①を**アルファベット2字**で答えよ。また、下線部②を**カタカナ6字**で答えよ。

問4　文中の下線部③について、自由権は大きく3つに分類されている。このうち、下の自由は、3つの自由権のうち「何の自由」に含まれるか。答えよ。

思想・良心　　信教　　集会・結社・表現　　学問

問5　文中の下線部④について、下の文は司法権の独立を示したものである。（　　　）に適する語句を、**漢字2字**で答えよ。

裁判が公正に行われるように、裁判所は、国会や（　　　）、その他どのような権力からも圧力や干渉を受けない。

問6　文中の下線部⑤について、日本の景気や物価の安定をはかる金融政策を行っている機関はどこか。答えよ。

問7　文中の下線部⑥について、次の（ⅰ）・（ⅱ）の各問いに答えよ。

（ⅰ）現在の労働者に関する動きについて、**誤っているもの**を、下の（ア）～（ウ）から1つ選び、記号で答えよ。

（ア）賃金について、成果主義を採用する企業が増加した。
（イ）定年退職後に再雇用されて働く高齢者が増えてきた。
（ウ）以前から多かった外国人労働者が減少してきた。

（ⅱ）労働者にとって「仕事と生活の調和」が重視されてきている。この用語を**カタカナ**で答えよ。

4 宮崎県置県140年に関する次の年表をみて、各問いに答えなさい。

西暦	年号	主な出来事
1868	明治	明治維新が始まる …… ①
1871		廃藩置県、美々津県、都城県の設置
1873		初期宮崎県（美々津県、都城県合併）の設置
1876		鹿児島県へ併合
1883		宮崎県の再置・宮崎県庁開庁
1889		町村制施行・県下100町村 …… ②
1923	大正	日豊本線全線開通 …… ③
1932	昭和	県庁舎完成
1945		6月 延岡大空襲　8月 宮崎・都城大空襲 …… ④
1947		地方自治法による第1回知事、市町村長選挙 …… ⑤
1949		宮崎大学が開学
1954		宮崎空港開港
1955		椎葉アーチ式ダム完成　日南海岸国定公園指定 …… ⑥
1959		読売巨人軍宮崎キャンプ開始
1964		県旗・県民歌・県花・県鳥を制定
1966		県木決定 …… ⑦
1971		3月 日本カーフェリー就航（細島～川崎） 6月 宮崎カーフェリー就航（細島～神戸）
1974		宮崎医科大学開学 …… ⑧
1981		九州縦貫自動車道宮崎線全線開通
1987		宮崎港開港
1988		宮崎・日南海岸リゾート構想（リゾート法指定）
1994	平成	「シーガイア」オープン
1995		九州縦貫自動車道人吉～えびの間全線開通
1997		県立看護大学開学
2000		九州・沖縄サミット宮崎外相会合 …… ⑨
2009		WBC日本代表初合宿（13年・17年・23年も実施）
2010		平成の大合併　旧清武町が宮崎市に　旧野尻町が小林市に合併 … ⑩ 口蹄疫発生～終息宣言
2011		高病原性鳥インフルエンザ発生、新燃岳が約300年ぶりにマグマ噴火
2012		綾町がエコパークに登録決定 …… ⑪
2016		東九州自動車道　北九州－宮崎　全線開通
2017		祖母・傾・大崩がエコパークに登録 …… ⑪
2018		硫黄山250年ぶりに噴火
2020	令和	新型コロナ県内で初確認
2023		G7サミット宮崎農相会合・宮崎県置県140年

社会 12

問１　年表中の①について、江戸時代に宮崎県内に存在した主な藩名を下の（ア）～（キ）から４つ選び、記号で答えよ。

（ア）延岡藩　（イ）水戸藩　（ウ）高鍋藩　（エ）尾張藩
（オ）紀伊藩　（カ）佐土原藩　（キ）飫肥藩

問２　年表中の②について、この年の２月11日に発布された明治憲法の特色として**正しいもの**を、下の（ア）～（エ）から１つ選び、記号で答えよ。

（ア）フランス憲法の影響を受け、人権規定が充実している。
（イ）アメリカ憲法の影響をうけ、三権分立が厳正に規定されている。
（ウ）プロイセン憲法の影響をうけ、天皇の権力が大きく認められていた。
（エ）男女同権が規定されていた。

問３　年表中の③について、この鉄道を開通させ、運営した組織は、現在分割民営化され、７つのグループ会社で構成され経営している。このグループ会社の略称名を**アルファベット２字**で答えよ。

問４　年表中の④について、宮崎は県都、都城は軍事基地があったことから空襲が激しく被害も大きかった。延岡はなぜ空襲の対象になったのか。その理由を下の（ア）～（エ）から１つ選び、記号で答えよ。

（ア）特攻隊の基地があったから　（イ）水力発電所があったから
（ウ）軍需工場があったから　（エ）海軍基地に近かったから

問５　年表中の⑤について、この選挙における選挙権保有者（有権者）の条件は何か。答えよ。

満（　　　　）歳以上の（　　　　）

問6　年表中の⑦について、県の木は何か。下の（ア）～（エ）から１つ選び、記号で答えよ。

（ア）フェニックス　（イ）椰子木　（ウ）くすのき　（エ）松

問7　年表中の⑥から⑧の前年まで続いた、国民総生産が平均10％以上の成長を遂げた日本の経済現象を何というか。

問8　年表中の⑨について、このサミットは、どこを会場として実施されたか。その会場名を年表中から選び、**カタカナ**で答えよ。

問9　年表中の⑩について、平成の大合併は少子化の進行にともない、小さな自治体が税収を確保できず、住民に公共サービスを提供できなくなる状況を避ける要因もあった。現在では、その税収不足を別な方法でカバーしようとしている。その方法とは何か。答えよ。

ちなみに都城市はその方法による収入が全国一となった。そして、その収入を使い都城への移住者を増やそうとしている。

問10　年表中の⑪について、エコパークを認定した国際機関はどこか。その名称を**カタカナ４字**で答えよ。

令和６年度

鵬翔高等学校入学試験問題

英

第５時限（13 時 30 分～ 14 時 15 分）

時間 45分

（注　意）

1．「始め」の合図があるまで、このページ以外のところを見てはいけません。

2．問題用紙は表紙を除いて６ページ、問題は４題です。

3．「始め」の合図があったら、まず解答用紙に**志望学科・コース・受験番号・氏名**を記入し、次に問題用紙のページ数を調べ、不備があれば申し出てください。

4．答えは必ず解答用紙の指定欄に記入してください。

5．「やめ」の合図があったら、すぐ鉛筆を置き、解答用紙だけを裏返しにして机の上に置いてください。

英語 1

1 英文を読み、各設問に答えよ。

What is the best way to improve your English? There is no easy answer to this question. In fact, people have different opinions about (1)<u>this</u>. Some people say, " Increase your *vocabulary by memorizing lots of words." Other people say, " (2)<u>文法と翻訳を勉強しなさい。</u>"

What do you do to improve your English? Do you (ア) to English songs? Do you (イ) novels or magazines in English? Maybe you (ウ) English videos on the Internet or even keep a diary in English.

If you want to improve your English, you have to communicate in English. Studying vocabulary and grammar, reading and listening to English *material, and writing in English are all very important. At the same time, you need to realize that doing these will not *automatically make a good user of English. If you want to be able to communicate in English well, you have to experience *live conversations.

(3)<u>あなたは、今、私に質問していますか。</u> " What does it mean to have live conversations? " This means that you need to take every *opportunity to speak English. You may say, (4)<u>" I don't have any opportunities to speak English."</u> No way. You live in a world with a lot of *possibilities.

There are so many tourists from all around the world in Japan now. Also, people from other countries live in Japan. When you see them, why not start a conversation? (5)<u>When you don't know where they are from, you can use English.</u> (6)<u>恥ずかしがらないで。</u> They will be happy to speak with you.

The Internet has opened up the world to you as well. With e-mail and *social media, you can get in touch with people all over the world. Guess what language helps you? That's right! It's (7)( ).

You can always speak with your English teachers at school. (8)<u>Speak with them in English not only during class but also during other times of the day.</u> You may have other friends who want to practice English like you. Create an English conversation club. Maybe an English teacher will help you.

You have so many opportunities around you. Are you going to take action? The *choice is yours.

〔＊〕 vocabulary 語い material 教材 automatically 自動的に live conversation 実際の会話 opportunity 機会 possibilities 可能性 social media ソーシャルメディア choice 選択

英語 2

問 1　下線部 (1) の指している内容を文中から 7 語で抜き出しなさい。

問 2　下線部 (2), (3), (6) を英語に直すとき、(　　)に適切な英語を 1 語ずつ入れて、文章を完成させなさい。

(2) (　　　　) grammar (　　　　) translation.
(3) (　　　　) you (　　　　) me a question now ?
(6) (　　　　) (　　　　) shy.

問 3　(　ア　) ~ (　ウ　) に適した語を下から選び答えなさい。

speak / say / hear / listen / read / pronounce / write / draw / watch

問 4　下線部 (4), (5), (8) を日本語に訳しなさい。

問 5　空欄 (7) に適切な英語を 1 語で答えなさい。

問 6　本文の内容と合わないものを 1 つ選び、番号で答えなさい。

1. The best way to improve your English is to use the Internet.
2. It is necessary for you to have live conversations to improve your English.
3. You have a lot of opportunities to speak English in your daily life.

英語３

2 対話文を読み、各設問に答えよ。

中学生の Miki と Yuta がバッグのカタログを見ながら話をしています。

Miki: Yuta, which bag do you want?
Yuta: *Model 1 looks nice, and there are many colors in that model. But it's (①).
Miki: Yeah, we don't have enough money for that. What color of bag do you want to buy?
Yuta: (②) Can you give me some advice?
Miki: I see. Then, how about green?
Yuta: Oh, it's one of my favorite colors, but why?
Miki: You are very (③) in environmental problems, aren't you?
Yuta: Yes. I always try to use products which are good for the environment.
Miki: Green is not just a color. It also means eco-friendly.
Yuta: Really? I didn't know ④ <u>that</u>! OK, I'll buy a green (⑤).
How about you, Miki?
Miki: I like Model 2, but I can't find my favorite color in that Model.
Yuta: Oh, your favorite color is (⑥), right?
Miki: That's right. Well, I think I'll buy Model 3 then.

〔*〕model 型

Model	1.	2.	3.
price	¥5,800	¥3,600	¥2,900
color	yellow green red blue	yellow green red	yellow red white

国語解答用紙

《注意》※欄には記入しないこと。

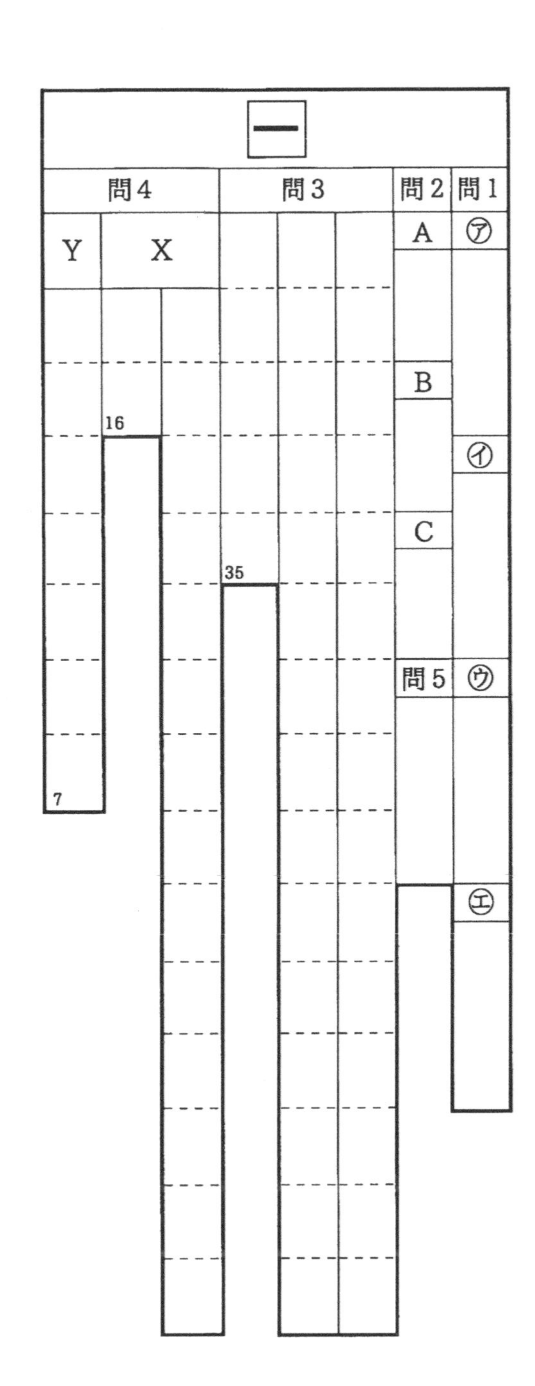

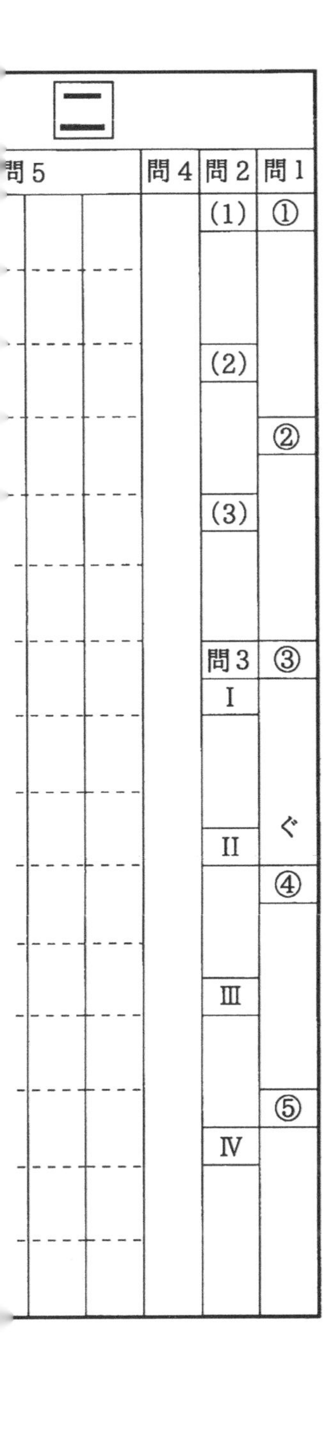

一
※

4

(1)		(2)		(3)		(4)	

4	※

5

(1)		(2)	
(3)	(ア)	相似な三角形	相似条件
	(イ)		(ウ)

5	※

6

(1)	ア		イ		ウ		エ		オ	
(2)					(3)					

6	※

志　望　学　科	受　験　番　号	氏　　　名
科 (　　　　　)コース		

合計	※ ※100点満点 (配点非公表)

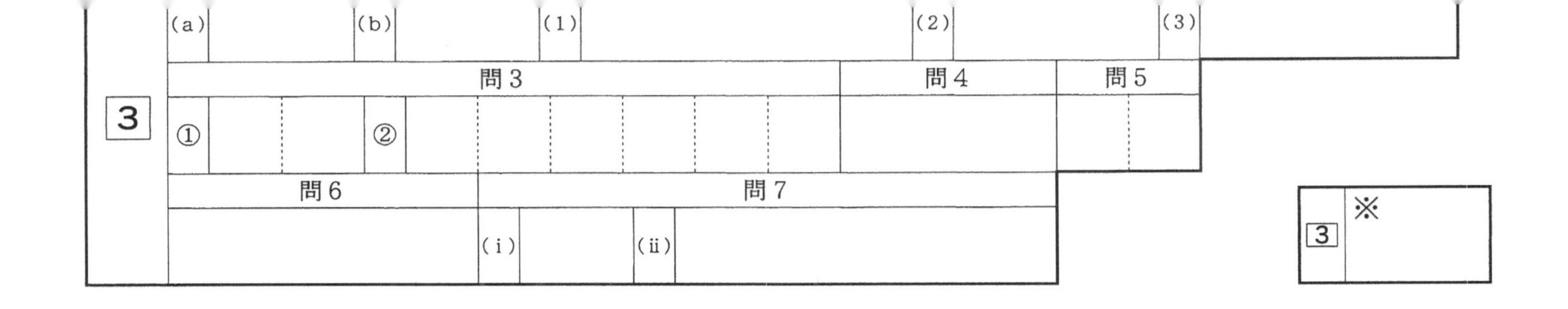

4

問1				問2	問3	問4	問5
							満（　　　）歳以上の（　　　　）

問6	問7	問8	問9

問10

4	※

志　望　学　科	受　験　番　号	氏　　　名
科 （　　　　）コース		

合計	※ ※100点満点 （配点非公表）

K 教英出版

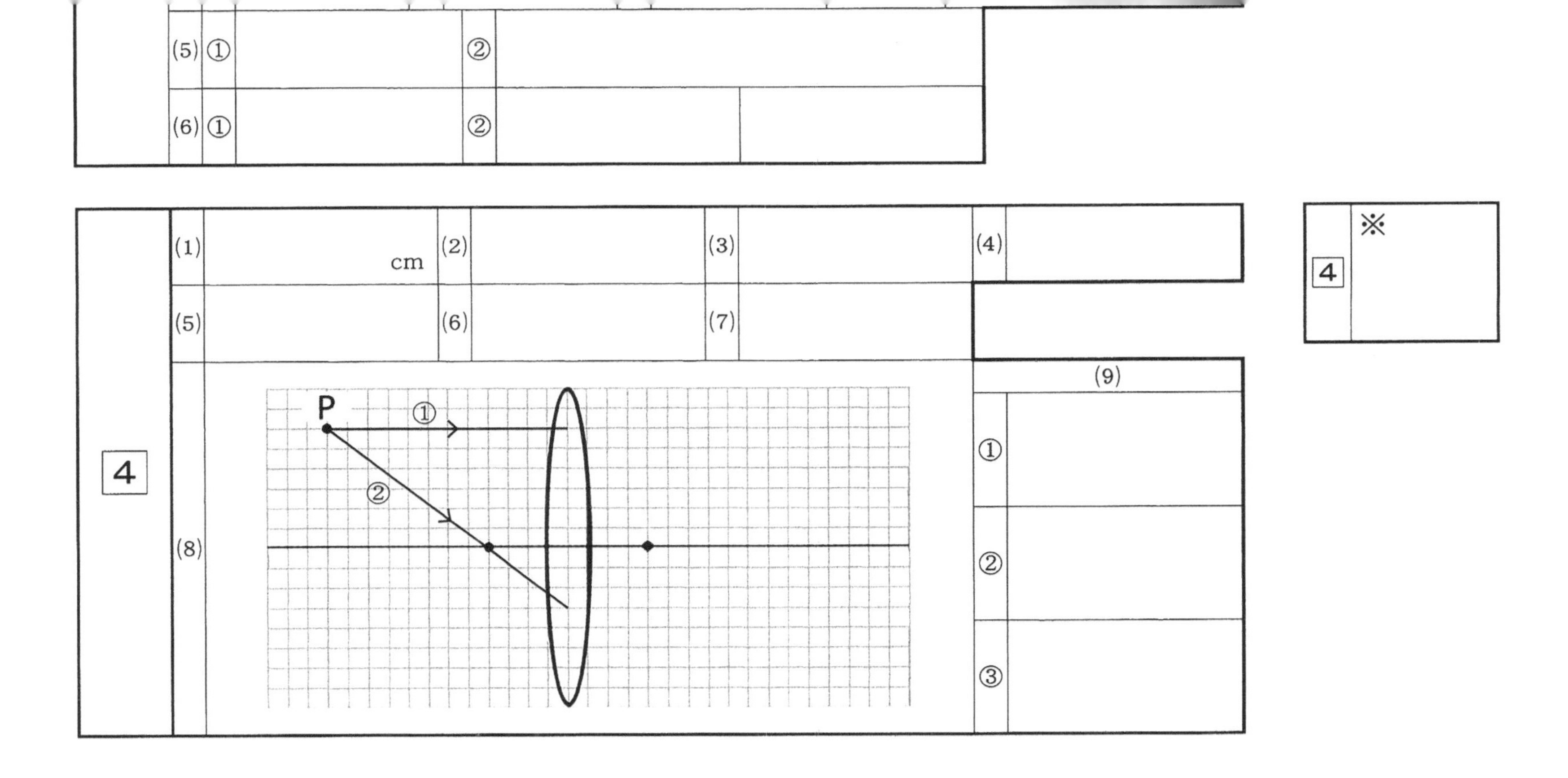

志　望　学　科	受　験　番　号	氏　　　名
科 （　　　　　）コース		

合計	※ ※100点満点 （配点非公表）

3	問 1	(1)		(2)		(3)		(4)		(5)	
	問 2	(1)		(2)		(3)		(4)		(5)	
	問 3	(1)		(2)		(3)		(4)		(5)	

3	※

4	問 1	(1)		(2)		(3)		(4)		(5)	
	問 2	(1)		(2)		(3)		(4)		(5)	

問 3		2番目	5番目		2番目	5番目		2番目	5番目
	(1)			(2)			(3)		
		2番目	5番目		2番目	5番目			
	(4)			(5)					

4	※

志望学科	受験番号	氏名
科 （　　コース）		

※印には何も書かないでください。

※ ※100点満点 （配点非公表）

英語解答用紙

≪注意≫※欄には記入しないこと。

1	問 1						
	問 2	(2)			(3)		
		(6)					
	問 3	(ア)		(イ)		(ウ)	
	問 4	(4)					
		(5)					
		(8)					
	問 5						
	問 6						

1	※

2	問 1		問 2		問 3	
	問 4					
	問 5		問 6			

2	※

理科解答用紙

≪注意≫※欄には記入しないこと。

1

(1)	(2)	(3)					
		C	発生装置	試薬 と	E	発生装置	試薬 と

(4)				(5)	(6)
①		②		g/cm³	置換法

(7)	(8)			
	(a)		(b)	

1	※

2

(1)				(2)			
①	層	②		①	化石	②	

(3)				(4)				(5)
①	化石	②		①		②		

2	※

(1)	記号		色		(2)	
(3)	記号		色			

3	※

【解答用

社会解答用紙

≪注意≫※欄には記入しないこと。

1

問1	問2	問3	問4	問5
			経済	砂漠

問6	問7	問8

問9						問10
(i)		(ii)		(iii)	m	

1	※

2

問1	問2	問3	問4
	大王		

問5	問6	問7	問8	問9	問10
		永仁の			

問11	問12	問13

2	※

数学解答用紙

≪注意≫※欄には記入しないこと。

1

(1)		(2)		(3)		(4)		(5)	

1	※

2

(1)		(2)		(3)		(4)		(5)	

2	※

3

(1)

階級（点）	度数
35 以上 40 未満	
40 ～ 45	
45 ～ 50	
50 ～ 55	
55 ～ 60	
60 ～ 65	
65 ～ 70	
70 ～ 75	
75 ～ 80	
80 ～ 85	
計	

(2)		
(3)	①	
	②	
(4)		

3	※

【解答用

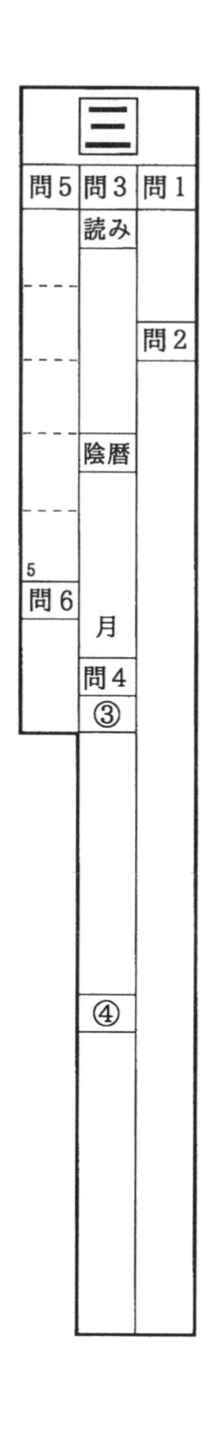

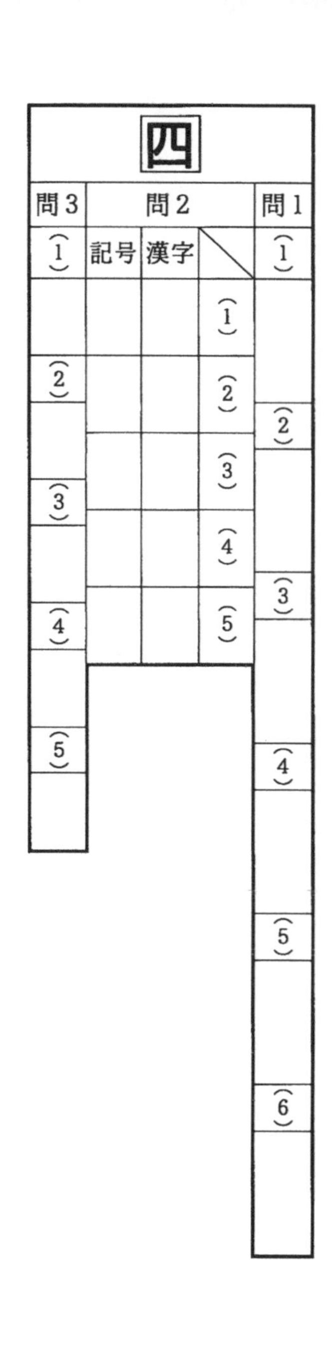

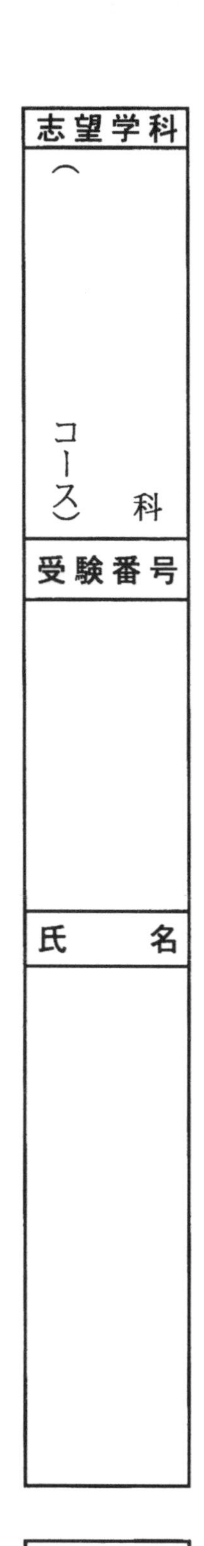

合計
※
※100点満点
（配点非公表）

英語４

問１　（　①　）に入る最も適する語句をア～ウから１つ選び、記号で答えなさい。

ア　not expensive　　イ　more expensive　　ウ　the most expensive

問２　（　②　）に入る最も適する英文をア～エから１つ選び、記号で答えなさい。

ア　I don't know what you mean.　　イ　I want to buy a black bag.
ウ　I can choose any color for you.　　エ　I haven't decided it yet.

問３　（　③　）に入る最も適する語をア～ウから１つ選び、記号で答えなさい。

ア　interesting　　イ　surprised　　ウ　interested

問４　下線部④の内容について説明しなさい。

問５　（　⑤　）に入る最も適する語をア～ウから１つ選び、記号で答えなさい。

ア　Model 1　　イ　Model 2　　ウ　Model 3

問６　（　⑥　）に入る最も適する語をア～ウから１つ選び、記号で答えなさい。

ア　yellow　　イ　red　　ウ　white

3 問題を読み、各設問に答えよ。

問１　下線部の発音が他とは異なるものをア～ウから１つずつ選び、記号で答えなさい。

(1)　ア came　イ late　ウ cat
(2)　ア scene　イ never　ウ less
(3)　ア driven　イ wise　ウ decide
(4)　ア afraid　イ great　ウ breakfast
(5)　ア says　イ wait　ウ said

問２　次の各組の単語で、アクセントの位置が他と異なるものをア～エから１つずつ選び、記号で答えなさい。

(1)　ア to-day　イ base-ball　ウ after-noon　エ ma-chine
(2)　ア for-eign　イ It-a-ly　ウ lan-guage　エ gui-tar
(3)　ア u-ni-ver-sity　イ va-ca-tion　ウ an-oth-er　エ Chi-nese
(4)　ア in-ter-est-ing　イ dic-tion-a-ry　ウ al-read-y　エ moun-tain
(5)　ア po-lice　イ my-self　ウ in-vite　エ po-ssi-ble

問３　次の対話文が成り立つように(　　)に入る最も適切な文をア～エから１つ選び、記号で答えなさい。

(1) A: What's wrong?
B: (　　　　　　　　　　)
ア I like it very much.　イ That's a good idea.
ウ I have a fever.　エ I need different ones.

(2) A: Will you help me with my homework?
B: (　　　　　　　　　　)
ア I can help her tomorrow.　イ I'm sorry, but I can't. I have many things to do.
ウ I'm fine, thank you.　エ Do you need some books for it?

(3) A: Hello, can I speak to Yuka?
B: I'm sorry, she is out right now.
A: (　　　　　　　　　　)
ア Can I leave a message?　イ Do you want me to come again?
ウ Thank you for calling.　エ Could you say that again?

(4) A: Happy birthday, mom. This is for you from us.
B: Wow, thank you so much! (　　　　　　　　　　)
A: Sure. I hope you like it.
ア Do you like this present?　イ How much did you pay for it?
ウ We bought it at that department store.　エ Can I open it now?

(5) A: Where is the post office?
B: Turn right at the second corner.
(　　　　　　　　　　)
A: Thank you.
ア I don't want to go there.　イ I don't know what it is.
ウ It's on your left.　エ That's right.

英語6

4 問題を読み、各設問に答えよ。

問1 次の疑問文に対する答えとして最も適切なものを、ア～カから1つずつ選び、記号で答えなさい。

(1) Are you doctors?
(2) Are you an art teacher?
(3) Are your brothers musicians?
(4) What are those?
(5) Who are those two boys?

ア Yes, they are.
イ No, we aren't.
ウ They are Nick and Steve.
エ They are many tomatoes.
オ No, I'm not.

問2 下線部に入る最も適切なものを[ ]内から1つ選び、記号で答えなさい。

(1) In America, school begins ________ September.
[ア at / イ on / ウ in]

(2) Both of my parents ________ interested in the birth of the universe now.
[ア is / イ are / ウ were]

(3) Tony ________ your computer yesterday morning.
[ア uses / イ used / ウ is using]

(4) Look at the girl who ________ playing the guitar in the park.
[ア is / イ are / ウ am]

(5) I went to the restaurant yesterday, but it ________ .
[ア closed / イ is closed / ウ was closed]

問3 日本語の意味に合うように、[ ] 内の語(句)を並べかえるとき、2番目と5番目にくる語(句)を番号で答えなさい。ただし、文頭に来る語(句)も小文字で書かれています。

(1) 今夜、あなたは何時に寝るつもりですか。
[① are / ② bed / ③ go / ④ going / ⑤ time / ⑥ to / ⑦ to / ⑧ what / ⑨ you] tonight?

(2) 父は6時までにその仕事を終えなければなりません。
[① by / ② my father / ③ finish / ④ has / ⑤ six / ⑥ that / ⑦ to / ⑧ work].

(3) その女の子の望みは有名な歌手になることです。
[① a famous / ② be / ③ hope / ④ the girl's / ⑤ is / ⑥ singer / ⑦ to].

(4) ケンジのお兄さんはそのパーティーには来ないと思いますよ。
I [① come / ② don't / ③ Kenji's brother / ④ think / ⑤ to / ⑥ will] the party.

(5) ほとんどすべての生徒がそのCDを買いました。
[① the students / ② all / ③ bought / ④ almost / ⑤ of] the CD.

令和６年度

鵬翔高等学校入学試験問題

数　学

第２時限（10時00分～ 10時45分）

時間45分

（注　意）

1．「始め」の合図があるまで、このページ以外のところを見てはいけません。

2．問題用紙は表紙を除いて 10 ページ、問題は６題です。

3．「始め」の合図があったら、まず解答用紙に**志望学科・コース・受験番号・氏名**を記入し、次に問題用紙のページ数を調べ、不備があれば申し出てください。

4．答えは必ず解答用紙の指定欄に記入してください。

5．「やめ」の合図があったら、すぐ鉛筆を置き、解答用紙だけを裏返しにして机の上に置いてください。

数学 1

1 次の計算をしなさい。

(1) $5-(-7)\times(-2)$

(2) $\dfrac{2x-y}{3}+\dfrac{x-2y}{2}$

(3) $4xy^2\times(-3x^2y)^3$

(4) $(x-2y)(x+2y)$

(5) $\sqrt{2}-\sqrt{8}+\sqrt{50}$

2 次の各問いに答えなさい。

(1) ある自然数 N を 5 で割ると商が Q で余りが 2 になる。この自然数 N を Q を使って表しなさい。

(2) y は x の 1 次関数である。x の増加量が 3 のとき，y の増加量が 2 であり，そのグラフは点 $(3, -1)$ を通る。この関数の式を求めなさい。

(3) 2 次方程式 $x^2+x-4=0$ を解きなさい。

(4) 袋 A には 1, 2, 3, 4, 5 の数字が 1 つずつ書かれたカードが 1 枚ずつ計 5 枚入っている。袋 B には 2, 4, 6, 8 の数字が 1 つずつ書かれたカードが 1 枚ずつ計 4 枚入っている。袋 A, B から 1 枚ずつカードを取り出すとき，書かれた数の積が 20 以上となる確率を求めなさい。

(5) 右の図の $\angle x$ の大きさを求めなさい。ただし，3 点 A, B, C は同じ円周上にあり，点 O は円の中心を表す。

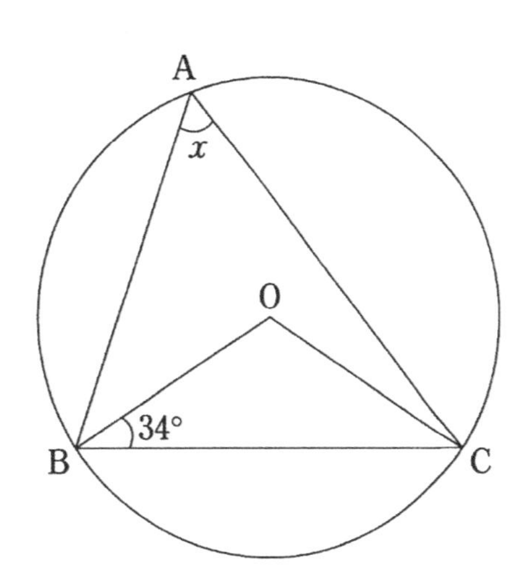

問題は次ページに続く

3 下の表は，ある学校の3年生の数学のテストについて，第1回と第2回のテストの結果をまとめたものである。

番号	1	2	3	4	5	6	7	8	9	10	11	12	13	14	15	16	17	18	19	20
第1回	78	68	84	56	75	68	38	47	74	78	80	65	63	73	76	58	48	83	74	41
第2回	88	74	90	47	80	73	38	57	83	83	85	62	73	75	87	72	55	88	70	53

(1) 第1回のテストについて，階級の幅を5点として，度数分布表を完成させなさい。

度数分布表（第1回）

階級（点）	度数
35 以上 40 未満	
40 ～ 45	
45 ～ 50	
50 ～ 55	
55 ～ 60	
60 ～ 65	
65 ～ 70	
70 ～ 75	
75 ～ 80	
80 ～ 85	
計	

(2) 度数分布表（第1回）をもとに作成したヒストグラムとして適するものを次のA～Dの中から選びなさい。

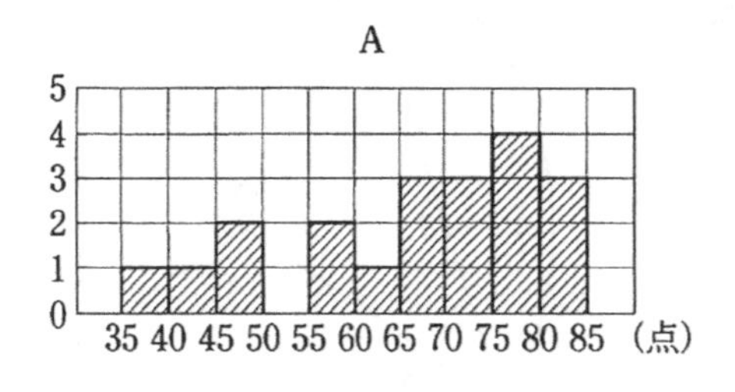

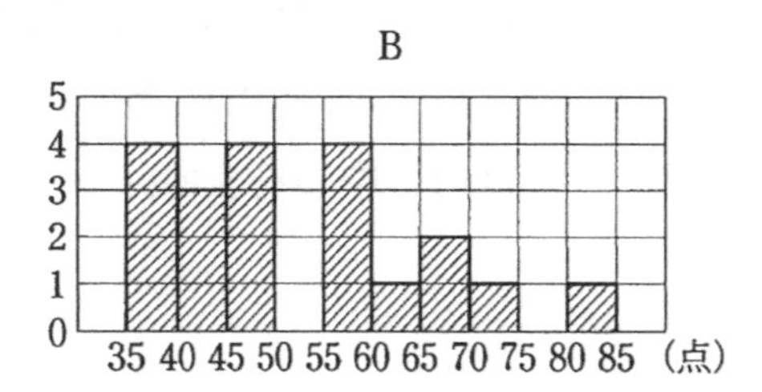

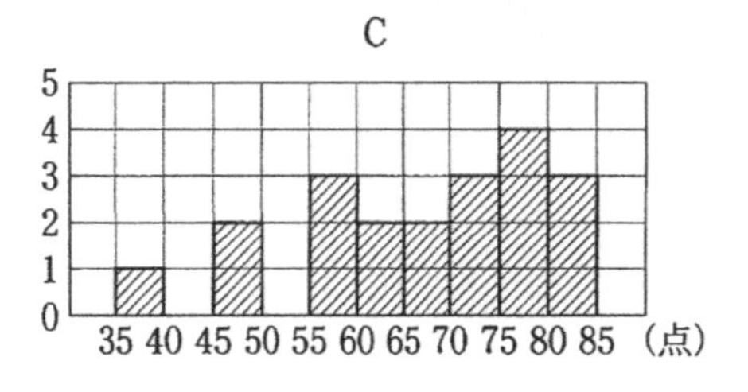

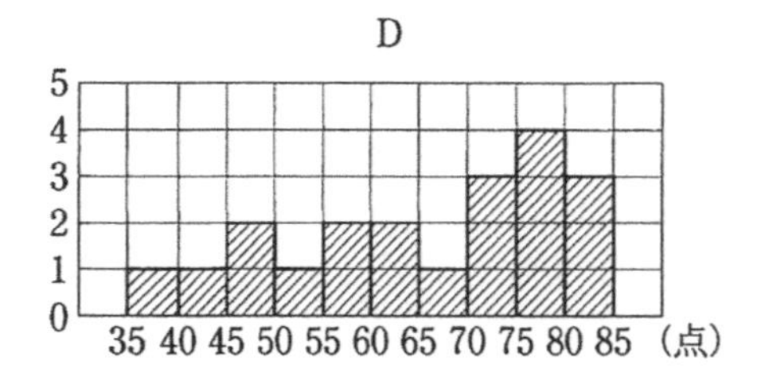

2024(R6) 鵬翔高
K 教英出版

(3)　①第１回の四分位範囲を求めなさい。

②第１回と第２回のテストについて，四分位範囲によってどちらの散らばり具合が大きいか答えなさい。

(4)　第２回の箱ひげ図とヒストグラムの組合せとして正しいものを次のA～Dの中から選びなさい。

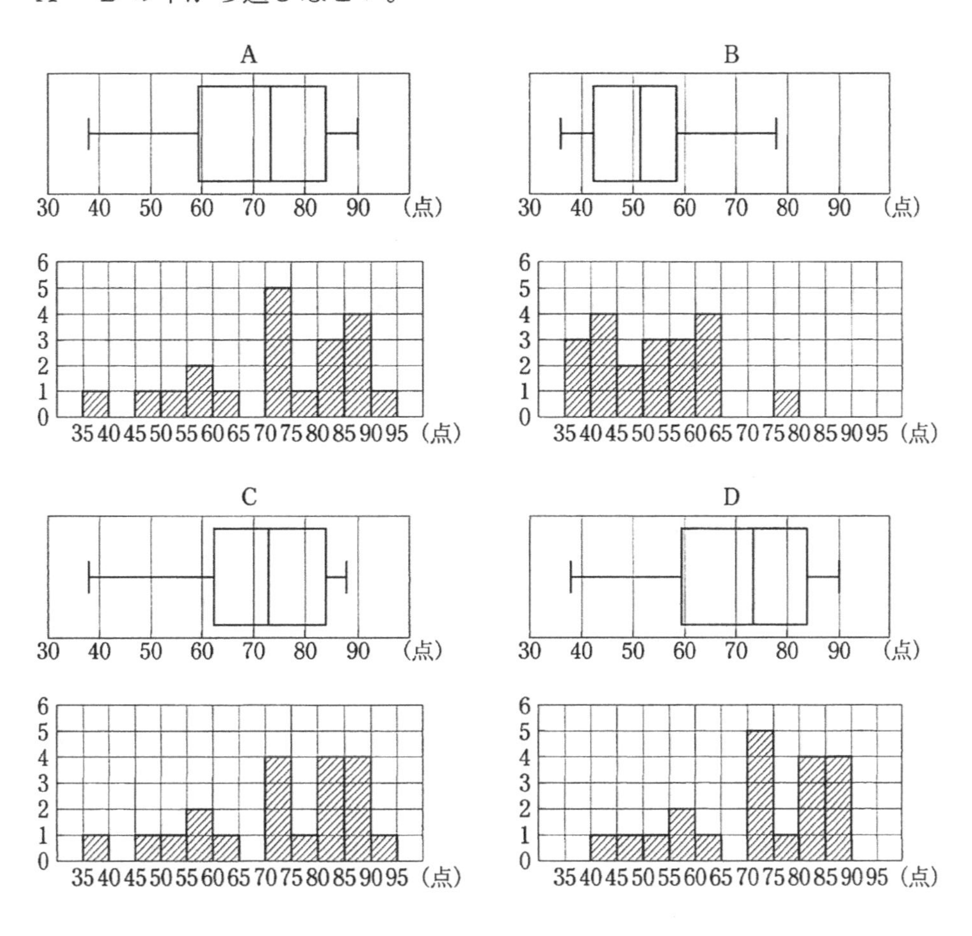

問題は次ページに続く

数学５

４ 右の図１のように，関数 $y=ax^2$…①のグラフと $y=x^2$…②のグラフがある。①のグラフ上には点A$(-2, 2)$があり，②のグラフ上に x 座標が１である点Bがある。このとき，次の問いに答えなさい。

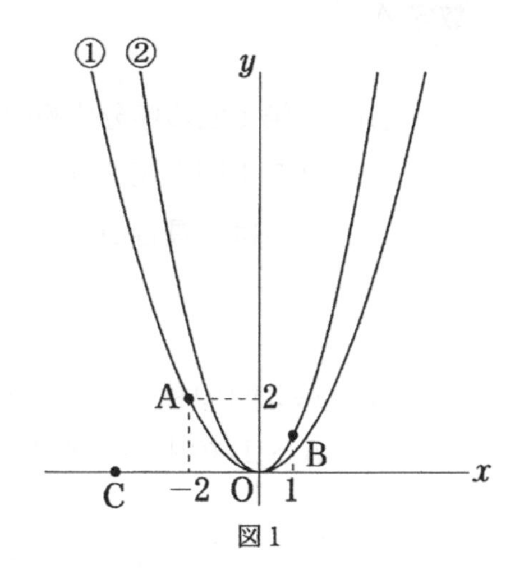

図１

(1) a の値を求めなさい。

(2) 直線ABの式を求めなさい。

(3) x 軸の負の部分に点Cをとり，△OABの面積と△OBCの面積が等しくなるようにしたい。このとき，点Cの x 座標を求めなさい。

(4) ②のグラフ上に点D(t, t^2)をとり，y 軸に関してDと対称な点をEとする。D, Eからそれぞれ y 軸に平行に引いた直線と①のグラフの交点をG, Fとすると，右の図２のように四角形DEFGは正方形となった。このとき，t の値を求めなさい。ただし，t は正の数とする。

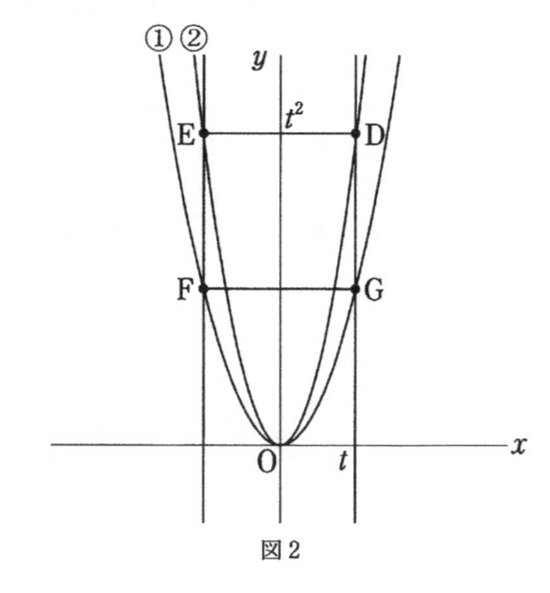

図２

計　　算　　欄

問題は次ページに続く

5 次の各問いに答えなさい。

(1) 次のA～Dのことがらについて，正しいものを選び，記号で答えなさい。

A：1つの弧に対する円周角の大きさはその弧に対する中心角の大きさと等しい。

B：相似比が $1:k$ である2つの相似な四角形の面積の比は $1:k^2$ である。

C：三角形の外角の和は六角形の外角の和の半分である。

D：平行四辺形の向かい合う角の和は必ず180°である。

(2) だいすけさんとやすこさんの2人が次の条件①～④をもとにそれぞれ△ABCをかくとき，2人のかいた△ABCが合同になるとは限らない条件を選び，番号で答えなさい。

①：∠A=30°，AB=5cm，AC=3cm

②：AB=3cm，BC=4cm，CA=5cm

③：AB=BC=5cm，∠A=30°

④：AB=5cm，∠B=40°，AC=4cm

(3) 円上に4点A, B, C, Dがある。直線ABと，直線CDの交点をP，線分ACと，線分BDの交点をEとする。このとき，∠AED=100°，∠APD=42°，AB=5，BP=3となった。
次の(ア)～(ウ)に答えなさい。

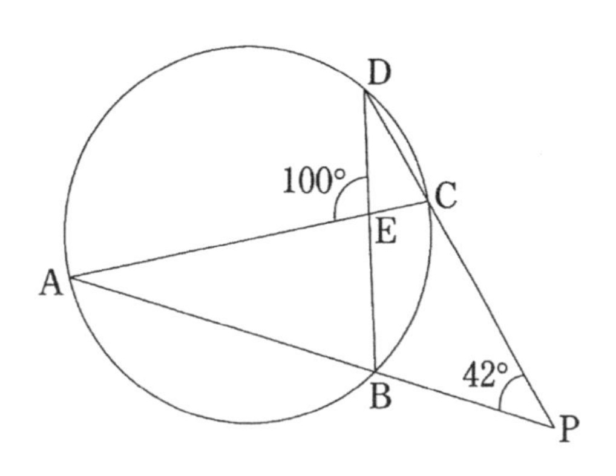

(ア) 図中の△APCと相似な三角形を答えなさい。
　　あわせて，根拠となる相似条件を答えなさい。

(イ) ∠BDPの大きさを求めなさい。

(ウ) PC×PDの値を求めなさい。

計　算　欄

問題は次ページに続く

6 次のようなゲームを考える。

２人のプレーヤーが１から30までの数字を交互に数え上げていく。このとき，一度に数えられる数字は最大で３つまでとする。

例：Ａさん「1, 2」→Ｂさん「3, 4, 5」→Ａさん「6」→Ｂさん「7, 8」→…

これを繰り返し続けたとき，最後に30を数えたプレーヤーを負けとする。

次の文章は，このゲームについての太郎くんと花子さんの会話である。この会話を読んで各問いに答えなさい。

太郎：実はこのゲームは先手が必ず勝てる方法があるらしいんだ。

花子：そうなんだ。どうすれば先手が勝てるか考えてみようよ。

太郎：そうだね。まず30を数えた人が負けるわけだから，何とかして30を数えさせれば勝てるわけだね。

花子：そうすると，自分が勝つためには，直前に［ア］までを数えればいいわけだ。

太郎：逆に，［ア］を相手に数えられると負けてしまうね。［ア］を数えさせないためには，どうすればいいだろう。

花子：一度に数えられるのは３つまでだから……，［ア］を数えさせないためには［イ］までを自分が数えればいいんじゃないかな。

太郎：なるほど。同じように考えていくと，［イ］を数えさせないためには［ウ］までを，［ウ］を数えさせないためには［エ］までを自分が数えるようにすればいいね。

花子：ということは……，先手が最初に［オ］までを数えれば，必ず勝てそうだね。

太郎：あとは，間違えないように数えていくだけで良さそうだ。よし，さっそく家に帰って弟とやってみよう!!

花子：このゲームって一度に数えられる数字や最後の数字を変えても同じように先手が勝てるのかな？

太郎：また，時間があるときに調べてみたいね。

数学 10

(1) 太郎くんと花子さんの会話文中の空欄ア～オにあてはまる適切な数字を答えなさい。

(2) このゲームを一度に数えられる数字は最大3つまで，最後に40を数えたプレーヤーが負けというルールに変更した。相手が25を数えて終了したとき，自分が勝つために次の順番で数えるべき数字をすべて答えなさい。

(3) このゲームを一度に数えられる数字は最大7つまで，最後に100を数えたプレーヤーが負けというルールに変更するとき，先手が勝つために数えるべき数字（会話文中のア～オのような数字）を，小さい方から3つ答えなさい。

計　　算　　欄

令和５年度

鵬翔高等学校入学試験問題

第１時限（9時00分～9時45分）

時間45分

（注　意）

1.「始め」の合図があるまで、このページ以外のところを見てはいけません。

2. 問題用紙は表紙を除いて７ページ、問題は４題です。

3.「始め」の合図があったら、まず解答用紙に**志望学科・コース・受験番号・氏名**を記入し、次に問題用紙のページ数を調べ、不備があれば申し出てください。

4. 答えは必ず解答用紙の指定欄に記入してください。

5.「やめ」の合図があったら、すぐ鉛筆を置き、解答用紙だけを裏返しにして机の上に置いてください。

2023(R5) 鵬翔高
K 教英出版

一　次の文章を読んで後の問いに答えなさい。

失敗はたしかにマイナスの結果をもたらすものですが、その反面、失敗をうまく生かせば、将来への大きなプラスへ転じさせる可能性をヒめています。事実、人類には、失敗から新技術や新たなアイデアを生み出し、社会を大きく発展させてきた歴史があります。

これは個人の行動にも、［A］あてはまります。どうしても起こしてしまう失敗にどのような姿勢で臨むかによって、その人が得るものも異なり、成長の度合いも大きく変わってきます。つまり、失敗とのつき合い方いかんで、その人は大きくヒヤクするチャンスをつかむことができるのです。

人は行動しなければ何も起こりません。世の中には失敗を怖れるあまり、何ひとつアクションを起こさない慎重な人もいます。それでは失敗を避けることはできますが、その代わりに、その人は何もできないし、何も得ることができません。

これとは正反対に、失敗することをまったく考えず、［B］突き進む生き方を好む人もいます。一見すると強い意志と勇気の持ち主のように見えますが、危険を認識できない無知が背景にあるとすれば、まわりの人々にとっては、ただ迷惑なだけの生き方でしょう。おそらくこの人は、同じ失敗を何度も何度も繰り返すでしょう。現実に、失敗に直面しても真の失敗原因のキュウメイを行おうとせず、まわりをごまかすための言い訳にシュウシする人も少なくありませんが、それではその人は、いつまでたっても成長しないでしょう。

また人が活動するうえで失敗は避けられないとはいえ、それが致命的なものになってしまっては、［C］失敗から得たものを生かすこともできません。その意味では、予想される失敗に関する知識を得て、それを念頭に置きながら行動することで、不必要な失敗を避けるということも重要です。大切なのは、失敗の法則性を理解し、失敗の要因を知り、失敗が本当に致命的なものになる前に、未然に防止する術をおぼえることです。これをマスターすることが、小さな失敗経験を新たな成長へ導く力にすることになります。

（畑村洋太郎「失敗学のすすめ」より　出題のため文章や語句に変更がなされています）

問1　傍線部ア～オのカタカナは漢字に、漢字は読み仮名になおしなさい。

問2　傍線部①が指し示す内容の説明として適切なものを次の中から選び記号で答えなさい。

ア　失敗をどうにかして避けようとすること。
イ　失敗によって社会が発展してきたこと。
ウ　失敗のためによくない結果となること。
エ　失敗が大きなプラスになりうること。
オ　失敗から立ち直ることが難しいこと。

問3　空欄 A ～ C を補うのに適切な語句を次の中からそれぞれ選び記号で答えなさい。

ア　せっかく　　イ　そのうえ　　ウ　そのまま
エ　ひたすら

問4　傍線部②について、人が大きく「成長」するために筆者は何に注目しているか、本文から十文字以内で抜き出して答えなさい。

問5　傍線部③の意味として適切なものを次の中から選び記号で答えなさい。

ア　次第　　イ　前後　　ウ　背後
エ　範囲　　オ　ばかり

問6　本文についての説明として適切なものを次の中から選び記号で答えなさい。

ア　「失敗」が大きな成功を導いた具体的な事例を挙げながら、「失敗」から学ぶことの大切さを述べている。
イ　具体的な例を挙げて、「失敗」にどう臨むかによって成長の度合いが変わるという、筆者の考えを示している。
ウ　本来マイナスである「失敗」がプラスへと転じる過程を、いくつかの事例を示して説明している。
エ　冒頭で主張を述べ、予想される反論を挙げたうえで、再度、「失敗」は成功の母であるという考えを述べている。
オ　「失敗」が大きな成功を生むという考え方について、筆者独自の視点からその意味をとらえなおしている。

二　次の文章を読んで後の問いに答えなさい。

　雨の日などに土間に座り込んで、兄上や妹さんなぞと一緒に、配※縄の繕ア いをしたりしていると、どうかした拍子に皆が仕事に夢中になって、睦まじく交わしていた世間話すら途絶えさして、黙り込んで手先ばかりをせわしく働かすような時がある。こういう瞬間に、君は我にもなく手を休めて、茫然（ぼうぜん）と夢でも見るように、君の見ておいた山の景色を思い出していることがある。この山とあの山との距離の感じは、境界の線をこういう曲線で力強く描きさえすれば、きっといいに違いない。そんなことを一心に思い込んでしまう。そして鋏（はさみ）をもった手の先で、ひとりでに想像した曲線を膝の上に幾度も描いては消し、描いては消ししている。

　またある時は沖に出て配縄をたぐりあげる大事な忙しい時に、君は板子※（いたご）の上に座って、二本並べて立てられたビール瓶の間から縄をたぐり込んで、吊（つ）り上げられた魚が瓶にせかれるために、針のふちを離れて胴※の間にぴちぴち跳ねながら落ちていくのをじっと見やっている。そしてその鮮明な光を持った鱗（うろこ）の色に吸いつけられて、思わずぼんやりと手の働きをやめてしまう。

　これらの場合はっと我に返った瞬間ほど君をみじめにするものはない。居眠りしたのを見つけられでもしたように、君はきょとんと恥ずかしそうにあたりを見回して見る。ある時は兄上や妹さんが、暗まっていく夕方の光に、なお気ぜわしく眼を縄によせて、せっせとほつれを解いたり、切れ目をつないだりしている。ある時は漁夫※達が、寒さに手を海老のように赤くへし曲げながら、息せき切って配縄をたくしあげている。君は子供のように思わず耳元まで赤面する。

　「①なんというだらしのない二重生活だ。おれはいったい②おれに与えられた運命の生活に男らしく服従する覚悟でいるんじゃないか。それだのにまだちっぽけな才能に未練を残して、柄（がら）にもない野心を捨てかねているとみえる。おれはどっちの生活にも真剣にはなれないのだ。おれの絵に対する熱心だけから言うと、絵かきになるためには十分すぎるほどなのだが、それだけの才能があるかどうかということになると判断のしようがなくなる。もちろんおれに絵の描き方を教えてくれた人もなければ、おれの絵を見てくれる人もない。岩内※の町でのたった一人の話相手のKは、おれの絵を見るたびごとに感心してくれる。そしてどんな苦しみを経ても絵かきになれと勧めてくれる。しかしKは第一おれの友だちだし、第二に絵がおれ以上にわかるとは思われぬ。Kの言葉はいつでもおれを励まし鞭（むち）うってくれる。③しかしおれはいつでもそのあとに、うぬぼれさせられているのではないかという疑いを持たずにはいない。どうすればこの二重生活を突き抜けることができるのだろう。生まれから言っても、今までの運命から言っても、おれは漁夫で一生を終えるのが相当しているらしい。Kもあの気むずかしい父のもとで調剤師※で一生を送る決心を悲しくもしてしまったらしい。おれから見るとKこそはリッパイな文学者になれそうな男だけれども、Kは誇張ウなく自分の運命を諦めている。悲しくも諦めている。待てよ、悲しいというのはほんとうはKのことではない。④そう思っているおれ自身のことだ。⑤おれはほんとうに悲しい男だ。親父にもすまない。兄や妹にもすまない。この一生をどんなふうに過ごしたらおれはほんとうにおれらしい生き方ができるのだろう。」

そこに居ならんだ漁夫たちの間に、どっしりと男らしいがんじょうなあぐらを組みながら、君は彼らとは全く異邦の人のような寂しい心持になって、こんなことを思いつづける。

やがて漁夫たちはそこらを片づけてやおら立ち上がると、胴の間に降り積んだ雪をつまんで、手の平ですり合わせて、指に粘りついた飯粒を落とした。そして配縄の引き上げにかかった。

三十町（※ちょう）にあまるくらいな配縄をすっかりたくしこんでしまうころには、海の上は少し墨汁を加えた牛乳のようにぼんやり暮れ残って、そこらにながめやられる漁船のあるものは、帆を張り上げて港を目ざしていたり、あるものは寂しい掛け声をなお海の上にヒビ（エ）かせて、忙しく配縄を上げているのもある。⑥夕暮れに海上に点々と浮かんだ小船を見渡すのは悲しいものだ。そこには人間の生活がそのはかない末梢※を寂しくさらしているのだ。

（「生まれ出づる悩み」有島武郎より　出題のため文章や語句に変更がなされています）

（注）
※配縄…一本の縄に釣り針のついた釣り糸をたくさんつけて、水中に張って魚を釣る道具。
※板子…和船の底に敷く、揚げ板。
※胴の間…和船の中央の船室。
※漁夫…漁師。
※岩内…北海道南西部の漁師町。
※調剤師…薬剤を調合する人。
※町（ちょう）…距離の単位。一町は約一〇九メートル。
※末梢…枝の先。転じて、取るに足りないこと。ささいなこと。

問１　傍線部ア～エのカタカナは漢字に、漢字は読み仮名になおしなさい。

問２　傍線部①とはどのような「生活」か。四十文字以内で説明しなさい。

問３　傍線部②のことを具体的に表現した部分を本文中から十文字以内で抜き出し、解答欄に合う形で答えなさい。

問４　傍線部③について、「友だち」だとなぜ「疑いを持」つのか。三十文字以内で説明しなさい。

問5　傍線部④の説明として適切なものを次の中から選び記号で答えなさい。

ア　Kの励ましに疑いを持っていること。
イ　Kのことを悲しいと感じていること。
ウ　自分のことを悲しいと感じていること。
エ　二重生活にあきらめを感じていること。
オ　Kは優秀な学者になれると思っていること。

問6　傍線部⑤について、「おれ」がこう思う理由の説明として適切なものを次の中から選び記号で答えなさい。

ア　自分の絵かきの才能を伸ばせないから。
イ　いまだに二重生活を引きずっているから。
ウ　自分の家族を大切にしていないから。
エ　ただ運命のなすがままに生きているから。
オ　Kのことを救ってやれそうもないから。

問7　傍線部⑥は「おれ」のどのような心情を表しているか。その説明として適切なものを次の中から選び記号で答えなさい。

ア　すっぱりと絵かきへの野心を捨てて、漁夫の生活で一生を終える決意を固めている。
イ　絵かきへの夢を捨てがたく思いながらも、漁夫という運命に服従する生き方を寂しく感じている。
ウ　漁夫の生活に未練を残しながらも、絵かきになれと勧める友人に逆らえずに悩んでいる。
エ　与えられた運命を生きることはいかにも寂しいが、男らしく服従しようと覚悟している。
オ　漁夫のつつましやかな生活を客観視し、これからの自分の人生を考えようとしている。

問8　二重傍線部の表現技法の名前として適切なものを次の中から選び記号で答えなさい。

ア　擬人法　　イ　直喩　　ウ　隠喩　　エ　擬音語
オ　擬態語

三　次の文章を読んで、後の問いに答えなさい。

求道(ぐどう)の、寒来たり、木の実尽きて、山を出でて里に向ふに、山に住む大蛇の、今より後、経の声を聞かざらむことを悲しみて、眼に血の涙を流して、高き木に登りて遥かに見送るに、①やうやう遠くなりつつ、③つひに見えずなりぬれば、罪のほどを悲しみて、様々の善心を発(おこ)して、木の上より身を投げたりけるが、兜率天(とそってん)に生まれて、④昔の屍(かばね)を供養す。

（『閑居友』による）

（注）
※求道…求道者。ここでは、山で修行していた修験者。
※経の声を聞かざらむことを…畜生（動物）であっても、読経をきくことで滅罪し、救済されるはずであった。
※兜率天…仏教の世界観における天界の一つ。

問1　傍線部A・Bを、それぞれ現代かなづかいになおしなさい。

問2　傍線部①・②の主語を、それぞれ本文中から抜き出して答えなさい。

問3　傍線部③の意味として適切なものを次の中から選び記号で答えなさい。
　ア　見えるようになったので
　イ　見えるようになるとしたら
　ウ　見えなくなってしまったので
　エ　見えなくなってしまったけれど

問4　傍線部④とは何か。その説明として適切な語句を本文中から抜き出して答えなさい。

問5　この作品は鎌倉時代の成立である。同じ成立時代の作品を次から二つ選び記号で答えなさい。
　ア　おくのほそ道　　イ　竹取物語　　ウ　徒然草
　エ　平家物語　　オ　枕草子

四　次の各問いに答えなさい。

問1　次の空欄に適切な文字を補って四字熟語を完成させ、その四字熟語の読み仮名も答えなさい。

（例）□辞麗句　　□＝美　読み＝びじれいく

①　一□一夕　　②　初志□徹　　③　厚顔無□

④　無我□中　　⑤　□心伝心

問2　次に挙げる文学作品と作者の組み合わせとして不適切なものを二つ挙げて記号で答えなさい。

ア　土佐日記…紀貫之　　イ　枕草子…兼好法師

ウ　源氏物語…紫式部　　エ　徒然草…清少納言

オ　おくのほそ道…松尾芭蕉

問3　次の①～④のグループ内の文字について、意味や読みを考える上で他の三つと異なるものをア～エの中からそれぞれ一つ選び記号で答えなさい。

①　ア　図　　イ　測　　ウ　量　　エ　張

②　ア　見　　イ　観　　ウ　実　　エ　視

（③は削除）

④　ア　傷　　イ　商　　ウ　疾　　エ　病

令和５年度

鵬翔高等学校入学試験問題

数

第２時限（10時00分～10時45分）

時間45分

（注　意）

1．「始め」の合図があるまで、このページ以外のところを見てはいけません。

2．問題用紙は表紙を除いて10ページ、問題は６題です。

3．「始め」の合図があったら、まず解答用紙に志望学科・コース・受験番号・氏名を記入し、次に問題用紙のページ数を調べ、不備があれば申し出てください。

4．答えは必ず解答用紙の指定欄に記入してください。

5．「やめ」の合図があったら、すぐ鉛筆を置き、解答用紙だけを裏返しにして机の上に置いてください。

数学 1

1 次の各問いに答えなさい。

(1) $-3-4\times(-2)$ を計算しなさい。

(2) $15a^2b^3\div(-5a^2b)\times(-ab)^2$ を計算しなさい。

(3) $\sqrt{12}-\sqrt{8}-\sqrt{3}+5\sqrt{2}$ を計算しなさい。

(4) $\dfrac{3a-2b}{4}-\dfrac{b-2a}{12}$ を計算しなさい。

(5) 2 次方程式 $x^2-3x-3=0$ を解きなさい。

2 次の各問いに答えなさい。

(1) $\sqrt{2n+1}$ が整数となるような自然数 n を小さい方から順に3個答えなさい。

(2) 等式 $S=\frac{1}{2}(a+b)$ を a について解きなさい。

(3) 1, 2, 3, 4 の数字を 1 つずつ書いた 4 枚のカードがある。この 4 枚のカードから同時に 2 枚のカードを引いたとき，引いた 2 枚のカードに書かれた数字の積が 6 以下になる確率を求めなさい。

(4) 関数 $y=\frac{1}{2}x^2$ において，x の変域が $-2 \leqq x \leqq 4$ のときの y の変域を求めなさい。

(5) 次の図は円の一部分である。この円の中心 O を作図しなさい。ただし，作図に用いた線は消さずに残しておくこと。

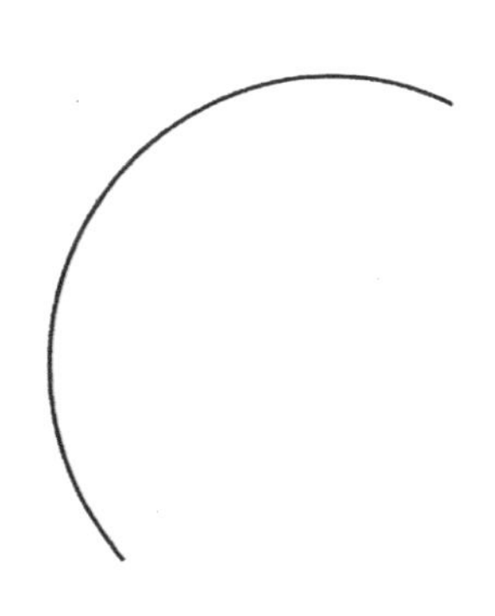

問題は次ページに続く

数学３

3 ある町で，ダーツ大会が行われた。3人で1チームとなり，1人あたり1回ずつダーツの矢を投げる。このとき矢が刺さった場所に応じて得点が入り，3人の得点の合計がチームの得点となる。この大会には24チームが参加し，12チームずつYグループとZグループに分かれて予選を行った。下の表はYグループのチームAからチームLまでの得点のデータである。次の各問いに答えなさい。

チーム	A	B	C	D	E	F	G	H	I	J	K	L
1番目	10	0	9	6	6	0	1	9	3	3	9	10
2番目	3	8	a	3	9	8	1	0	4	3	6	9
3番目	7	7	a	3	0	8	4	4	3	6	10	b
合計得点	20	15	15	12	15	16	6	13	10	12	25	c

(1) Yグループで1番目に矢を投げた選手12人について，得点の平均値および中央値を求めなさい。

(2) Yグループで3番目に矢を投げた選手12人について，得点の平均値は5点であった。このとき，表のa，b，cの値を求めなさい。

数学 4

(3) 下の図は，Yグループと Zグループそれぞれのチームの合計得点についての箱ひげ図である。2つのグループを合わせた24チームのうち，合計得点の多い方から6チームを選んだところ，その6チームのうち合計得点が最も少なかったチームの合計得点は18点であった。このとき，Zグループの中で3回の合計得点が多い方から4番目のチームの合計得点は何点か答えなさい。

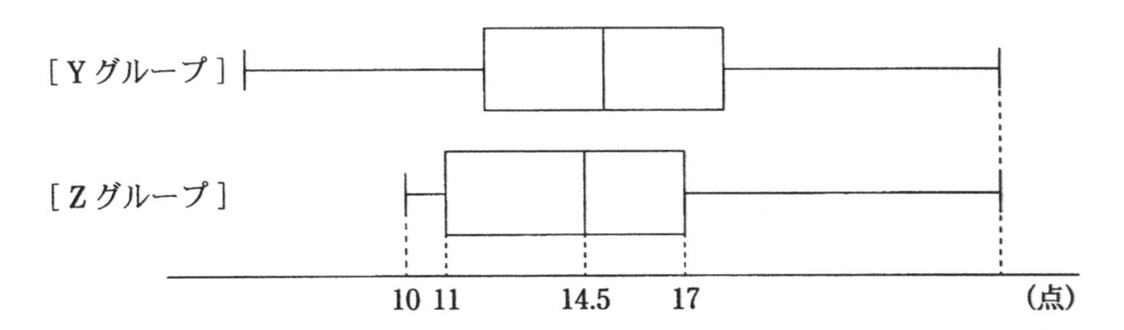

計　算　欄

問題は次ページに続く

4 $y=-2x^2$ のグラフ上に2点A，Bがある。点Aの x 座標は -4 で点Bの x 座標は2である。このとき，次の各問いに答えなさい。

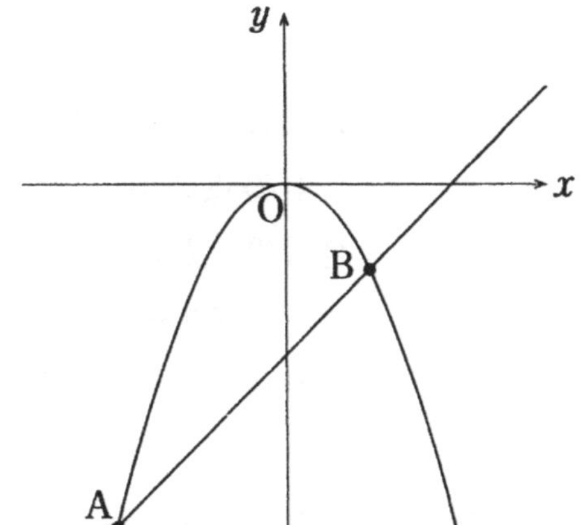

(1) 点A, Bの座標をそれぞれ求めなさい。

(2) 2点A, Bを通る直線の式を求めなさい。

(3) 直線ABと y 軸との交点をCとする。点Cの座標を求めなさい。

(4) (3)の点Cについて△OACの面積と△OBCの面積の比を求めなさい。ただし，比は最も簡単な整数の比で答えること。

計　算　欄

問題は次ページに続く

5 図のような平行四辺形ABCDがある。点Eは辺ADを1：4に分ける点で，点Fは辺BCを1：2に分ける点である。線分ECとDFの交点をGとし，Gを通り辺BCと平行な直線が辺CDと交わる点をHとする。AD＝15cm のとき，次の各問いに答えなさい。

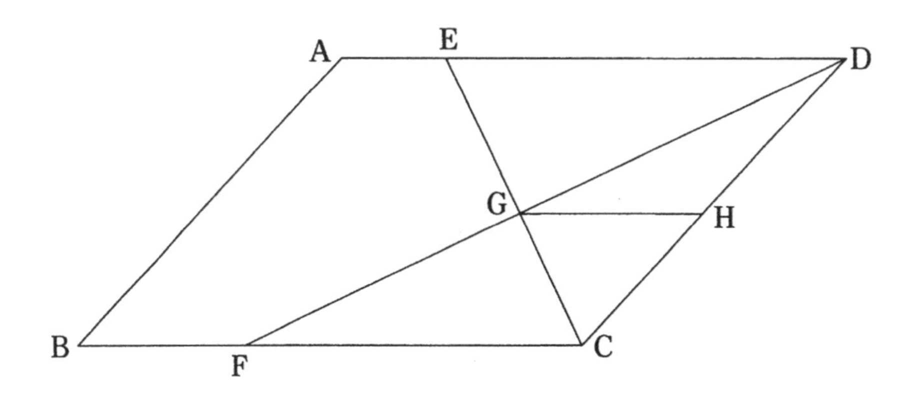

(1) 線分CFの長さを求めなさい。また，DG：GFを求めなさい。ただし，比は最も簡単な整数の比で答えること。

(2) 線分GHの長さを求めなさい。

(3) 平行四辺形ABCDの面積をScm^{2}とするとき，△DGHの面積をSを用いて表しなさい。

計　　算　　欄

問題は次ページに続く

6 最初にカードの枚数を指定し，机上に用意する。次にさいころを投げ，

- 1，3，5の目のとき，1枚
- 2，4の目のとき，2枚
- 6の目のとき，3枚

のカードを，机上に用意したものから引く。この一連の流れを試行と呼ぶことにし，机上に用意したカードがなくなるまでこの試行を続けていくものとする。また，途中の試行において，引くべきカードの枚数が残っているカードの枚数より多かった場合は，残っているすべてのカードを引く。引くべきカードの枚数が残っているカードの枚数と一致した場合は，残っているすべてのカードを引き，この場合を『成功』と呼ぶこととする。

このとき，次の各問いに答えなさい。

(1) 最初に3枚のカードを机上に用意したとする。1回目の試行で『成功』となる確率を求めなさい。

(2) 最初に3枚のカードを机上に用意したとする。机上のカードがすべてなくなるまでに必要な試行の回数は何回の場合が考えられるか，すべて答えなさい。

(3) 最初に5枚のカードを机上に用意したとする。3回目の試行で『成功』となるときのさいころの目の出方は全部で何通りあるか答えなさい。

(4) 最初に10枚のカードを机上に用意したとする。4回目の試行で『成功』となるときの，机上から引くカードの枚数の推移を順番に並べてできる数の列は何通りあるか答えなさい。ただし，机上から引くカードの枚数の推移を順番に並べてできる数の列とは，例えば，1回目の試行で1枚，2回目の試行で2枚，3回目の試行で3枚，4回目の試行で1枚引いた場合，（１２３１）である。

数学 10

計　算　欄

令和５年度

鵬翔高等学校入学試験問題

社　会

第３時限（11時00分～11時45分）

時間45分

（注　意）

１．「始め」の合図があるまで、このページ以外のところを見てはいけません。

２．問題用紙は表紙を除いて13ページ、問題は４題です。

３．「始め」の合図があったら、まず解答用紙に志望学科・コース・受験番号・氏名を記入し、次に問題用紙のページ数を調べ、不備があれば申し出てください。

４．答えは必ず解答用紙の指定欄に記入してください。

５．「やめ」の合図があったら、すぐ鉛筆を置き、解答用紙だけを裏返しにして机の上に置いてください。

1 次の地図や写真を見て、各問いに答えなさい。

地図Ⅰ

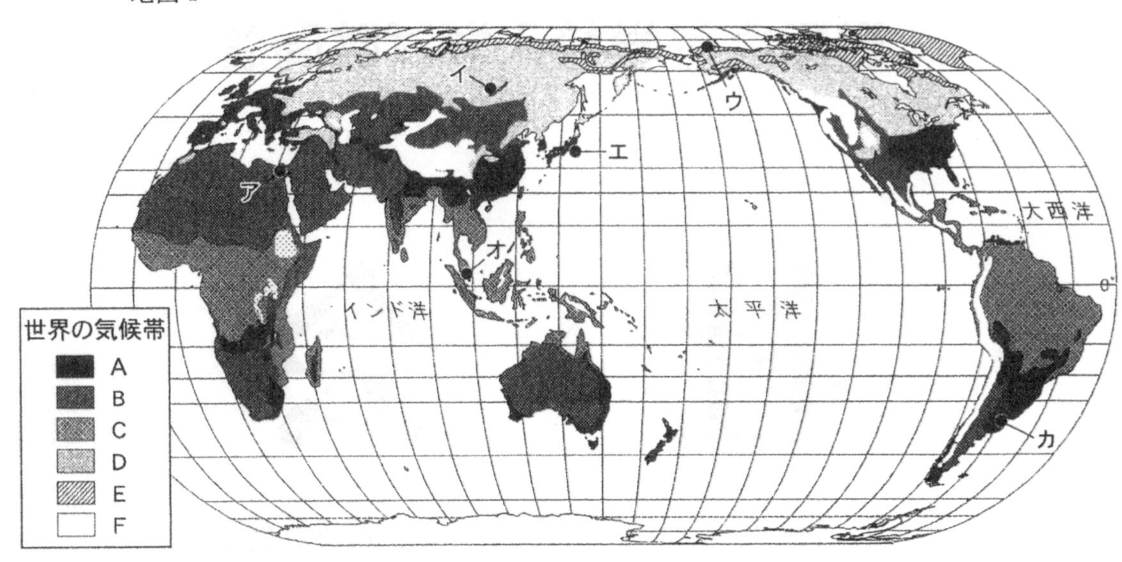

写真Ⅰ

グラフⅠ

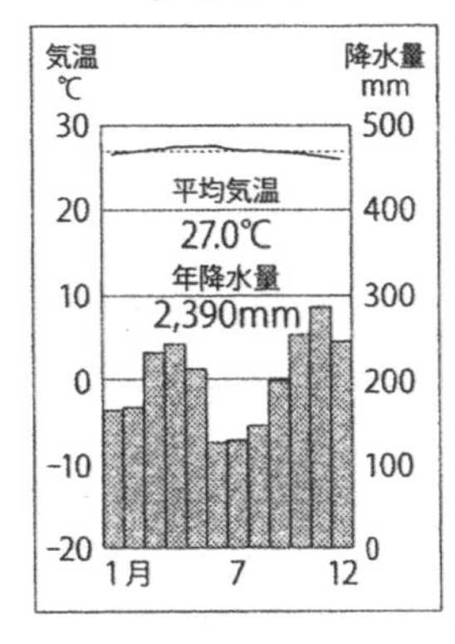

グラフⅡ

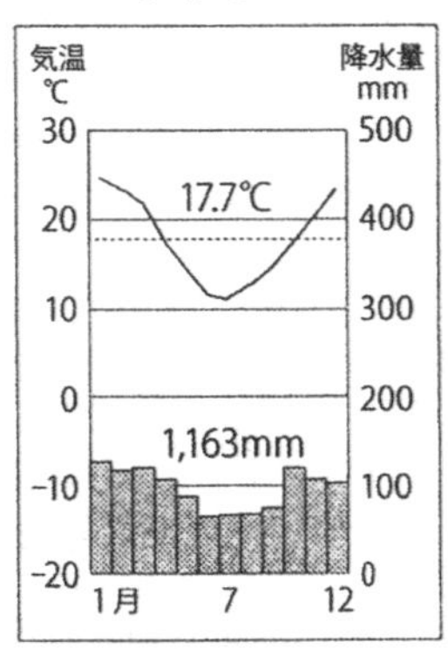

問1 写真Ⅰの風景は、地図Ⅰ中の世界の気候帯 **A** ～ **F** のどこのものか。記号で答えよ。

問2 グラフⅠ・Ⅱの降水量と気温は、地図Ⅰ中の **ア** ～ **カ** のどの都市のものか。それぞれ記号で答えよ。

社会２

問３　次の①・②の文は、どの気候帯を説明したものか。地図Ⅰ中のＡ～Ｆから選び、それぞれ記号で答えよ。

> ①　雨をもたらす雲が発生しにくい地域で、森林は育たず、岩石さばくや草原などが広がっている。
>
> ②　ユーラシア大陸や北アメリカ大陸の北部など、北半球のみに広がっていて、タイガとよばれる針葉樹林の森林が広がっている。

写真Ⅱ

写真Ⅲ

問４　河川が山間部から平地に出た付近にできる、写真Ⅱのような地形を何というか。答えよ。

問５　写真Ⅱの土地は、水はけがよいので果樹園としてよく利用される。果樹園の地図記号を記せ。

問６　平野の河口付近に見られる、写真Ⅲのような地形を何というか。答えよ。

問７　地震が起きたときに写真Ⅲの地形で起こりやすい災害を、下の（ア）～（エ）から１つ選び、記号で答えよ。

（ア）洪水　　（イ）土石流　　（ウ）津波　　（エ）火砕流

問８　日本では川の上流部にダムをつくってきた。その目的について、防災の面から下の語句をすべて使い、説明せよ。

洪水　　調節　　大雨　　水量

地図Ⅱ

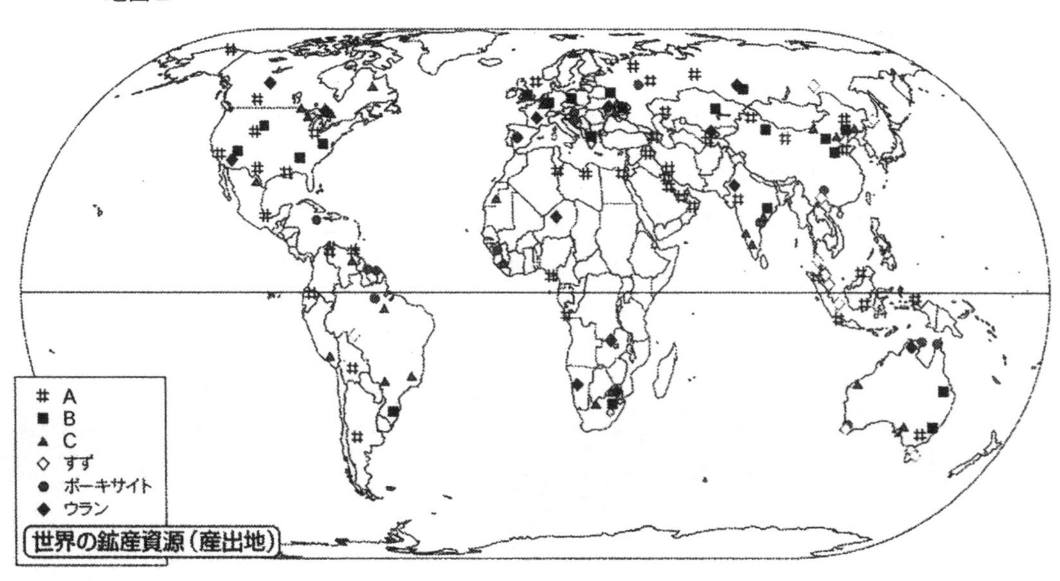

問9　地図ⅡのA～Cはそれぞれ鉄鉱石、石油、石炭を示している。AとBはそれぞれどれにあたるか。答えよ。

問10 次の資料は、日本の発電量の内訳の推移を表したグラフである。グラフ中のXは何の発電量を示しているか。下の（ア）～（ウ）から1つ選び、記号で答えよ。

資料

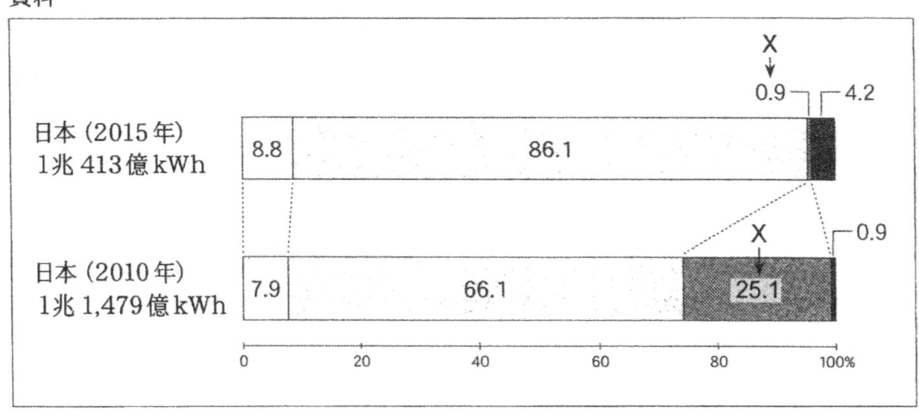

（ア）火力　　（イ）水力　　（ウ）原子力

社会 4

2　次の［Ⅰ］・［Ⅱ］の各問いに答えなさい。

［Ⅰ］　次の文は各時代に活躍した女性に関連するものである。これについて各問いに答えよ。

歴史の教科書に登場する人物の多くは男性ですが、外国と比較すると日本はかなり多くの女性が登場します。

古代の日本は多くの女性が登場しますが、弥生時代の①卑弥呼をはじめ、②飛鳥時代・奈良時代の女性は政治の中心人物として活躍しました。平安時代になると③女流文学者としての女性が多くなります。政治から文化の中心人物として変化してきました。古代中国においては、女性が教科書に出てくる例は極端に少なく、またその女性たちは政治を混乱させた人物として登場します。唐の時代に皇后であった則天武后という人物が皇帝になり、唐の政治が混乱しました。また楊貴妃も同じく、政治を混乱させたという扱いになっています。古代の西洋においては、④ギリシアの女流喜劇作家サッフォ、エジプトの女王クレオパトラくらいで、女性の社会進出はまだまだ遠い時代でした。

中世の日本は武士の時代となり、教科書に出てくる女性は少なくなりますが、鎌倉幕府において政治を行った⑤北条政子は武家政権の中で活躍したことから、まだこの時代の女性の地位は高かったことを示しています。その例として、北条政子は後に尼将軍と呼ばれ、主人が亡くなった後、その妻が家督を引き継ぐ武家社会のならわしがあったことからも理解できます。中国の宋・元・明では、女性が活躍する姿はあまり見られませんが、この時代より庶民の経済活動が活発になり、女性が活躍する場が多くなってきたと考えられます。ヨーロッパにおいては、百年戦争にてジャンヌ＝ダルクという女性がフランスのピンチを救った記述があるくらいです。しかしその後、ルネサンス・⑥宗教改革などによりキリスト教の世界から理性中心のヒューマニズム（人文主義）の時代となり、⑦絶対王政のイギリスにおいては女王が存在するなど、女性の活躍の場が増えてきました。

近世の日本では江戸幕府の幕藩体制が整い、女性の活躍の場は政治的には見られず、それまで以上に男尊女卑の考え方が強くなっていきました。このように現在のような女性の地位が確立するまでには、多くの困難があったことがわかります。

社会６

問１　下線部①の卑弥呼は３世紀に中国に使者を送ったとされるが、その国を下の（ア）～（エ）から１つ選び、記号で答えよ。

（ア）魏　　（イ）蜀　　（ウ）呉　　（エ）晋

問２　下線部②について、この時代に聖徳太子が摂政として女性の天皇を助けるが、この時の天皇は誰か。**漢字**で答えよ。

問３　下線部②について、この時代に中国の政治制度を取り入れ、改革が行われた。その中の税制度を何というか。**漢字**で答えよ。

問４　下線部③の平安時代では女性の活躍がめざましかった。その中で『源氏物語』の作者は誰か。下の（ア）～（エ）から１つ選び、記号で答えよ。

（ア）清少納言　　（イ）紫式部　　（ウ）持統天皇　　（エ）和泉式部

問５　下線部④について、ギリシアの都市国家アテネで行われた、市民が全員参加する政治体制を何というか。解答欄に合わせ**漢字２字**で答えよ。

問６　下線部⑤について、この人物の夫は誰か。下の（ア）～（エ）から１つ選び、記号で答えよ。

（ア）徳川家康　　（イ）源頼朝　　（ウ）北条時政　　（エ）足利義満

問７　下線部⑥により、カトリックの勢力回復を目指し東アジアで積極的な布教を行ったイエズス会の宣教師で、日本にキリスト教を最初に伝えた人物は誰か。答えよ。

問８　下線部⑦の女王は誰か。下の（ア）～（エ）から１つ選び、記号で答えよ。

（ア）エリザベス１世　　（イ）エリザベス２世
（ウ）ヴィクトリア女王　　（エ）メアリ１世

［Ⅱ］ 次の年表は近・現代の女性史年表である。この年表に関する各問いに答えよ。

西暦	主な出来事
1871	①津田梅子ら最初の女子留学生、アメリカへ出発
1890	集会および政社法公布（女子の政治活動全面禁止）
1900	②治安警察法公布
1911	工場法公布（女子の 12 時間以上労働禁止）（1916 施行）
	③「青鞜」創刊
1918	富山の女性たちの米騒動、全国に波及
1920	新婦人協会設立（平塚らいてう・市川房枝ら）
1924	婦人参政権獲得期成同盟会結成（市川房枝ら）
1945	④新選挙法により女性の参政権獲得

問 9　下線部①について、この留学生たちは明治最初の欧米使節団と同行した。この使節団の全権大使は誰か。下の（ア）～（エ）から１つ選び、記号で答えよ。

（ア）福沢諭吉　（イ）大久保利通　（ウ）岩倉具視　（エ）伊藤博文

問 10　下線部②について、この法律では、女子の何が禁止されたか。下の（　　　）に適する語句を答えよ。

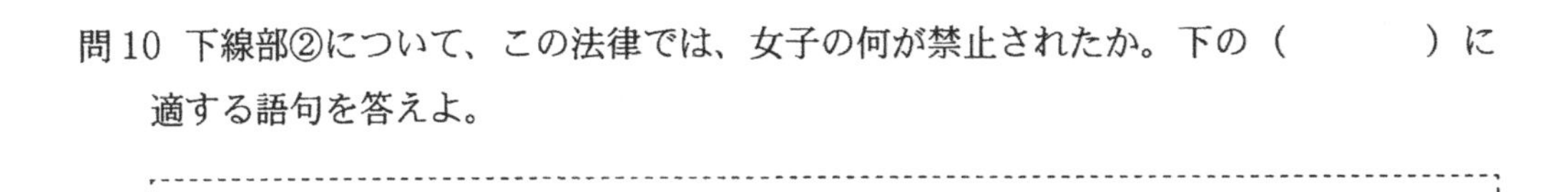

問 11　下線部③に関して、「青鞜」を創刊した人物は誰か。下の（ア）～（エ）から１つ選び、記号で答えよ。

（ア）平塚らいてう　（イ）樋口一葉　（ウ）松井須磨子　（エ）山川菊栄

問 12　下線部④の新選挙法での選挙人資格は何歳か。答えよ。

3 次の日本の政治についての文を読んで、各問いに答えなさい。

国は、人々が納める（　　1　　）などを収入として、それぞれの仕事のために使います。国は、毎年、どの程度の収入があり、それをどのように使うかという計画を立てます。これを①予算といい、現在はその予算で②社会保障・③教育・雇用対策などの仕事が行われています。最初に行政権をもつ（　　2　　）が④予算を作成して国会へ提出します。その後、⑤国会が提出された予算を審議し議決します。近年、予算の中には使途を明記されない「⑥予備費」があり、年々その額が大きくなっています。
⑦地方公共団体においても予算が組まれ、地方税・⑧地方交付税交付金・地方債などを使って福祉・土木・教育・衛生などの公共サービスを行っています。

問１　文中の（　　1　　）・（　　2　　）に適する語句を、それぞれ**漢字２字**で答えよ。

問２　文中の下線部①について、国の予算は「年度の予算」である。2022年度予算が国会（通常国会）で議決された月日を、下の（ア）～（エ）から１つ選び、記号で答えよ。

（ア）１月17日　（イ）３月22日　（ウ）４月25日　（エ）５月28日

問３　文中の下線部②について、次の社会保障に関する文の（　a　）、（　b　）に適する語句を、それぞれ答えよ。

（　a　）化が進むと、（　a　）者を支える公的年金・医療・（　b　）などの費用が増加する。

問４　文中の下線部③について、国は憲法第26条１項において、全ての子どもの「教育を受ける権利」を保障している。この権利は何権の１つか。下の（ア）～（エ）から１つ選び、記号で答えよ。

（ア）社会権　（イ）自己決定権　（ウ）請求権　（エ）自由権

問５　文中の下線部④について、予算が初めに提出される国会を、下の（ア）～（エ）から１つ選び、記号で答えよ。

（ア）貴族院　（イ）参議院　（ウ）衆議院　（エ）庶民院

社会 8

問６　文中の下線部⑤について、2022年度に議決された予算に民事裁判手続きのＩＴ化予算が盛り込まれることになった。ＩＴ化により人々が裁判を利用しやすくなると考えられる。これは何改革の一環として実施されるか。下の（　　　　）に適する語句を**漢字２字**で答えよ。

（　　　　）制度改革

問７　文中の下線部⑥について、2022年９月に内閣は、物価高騰の追加対策の費用として予備費から合わせて約３兆５千億円を支出することを決定した。このことについて、次の（ⅰ）・（ⅱ）の各問いに答えよ。

（ⅰ）　内閣の意思を決定する場を何というか。答えよ。

（ⅱ）　内閣は物価高騰対策により、今まで人々の消費量を維持し、国民の生活水準の低下と景気悪化の両面の防止を図ろうとしている。この人々の消費量を何というか。下の（ア）～（エ）から１つ選び、記号で答えよ。

（ア）貯蓄量　　（イ）流通量　　（ウ）供給量　　（エ）需要量

問８　文中の下線部⑦について、近年、地方の過疎問題の深刻化に対して、地方公共団体により、地域で若者の働く場所を増やすために経済活動の支援などが行われるようになった。このことを何というか。下の（ア）～（エ）から１つ選び、記号で答えよ。

（ア）地方分権　　（イ）地方創生　　（ウ）地方健全化　　（エ）地方操作

問９　文中の下線部⑧について、下の（ア）～（エ）は各都府県の歳入額を示したものである。地方交付税交付金の割合が最も多い都府県はどこか。記号で答えよ。

（ア）鳥取県（3,582億円）　　（イ）沖縄県（7,477億円）
（ウ）大阪府（２兆7,770億円）　　（エ）東京都（７兆1,225億円）

（平成28年度）

4 昨年2022年、学制発布以来、近代教育制度の150年を迎えた。また、鵬翔高等学校もその前身「日州高等簿記学校」の設立以来100周年を迎えた。日本の教育制度と鵬翔高等学校に関する次の年表をみて、各問いに答えなさい。

西暦	近代教育制度	鵬翔高等学校関連	西暦	世界・日本の出来事
1872	①学制発布			
1886	義務教育4年延長			
			1889	②大日本帝国憲法発布
1890	③教育勅語発布			
1907	義務教育6年延長			
			1914	第一次世界大戦（～18）
1922		④日州高等簿記学校設立（5/15創立記念日）		
			1924	第二次護憲運動
1931		⑤宮崎高等計理学校に改称		
			1937	日中戦争（～45）
			1939	第二次世界大戦（～45）
1941	小学校が国民学校に改称		1941	太平洋戦争（～45）
1944		宮崎女子経理学校に改称（男子入学停止）		
			1945	ポツダム宣言受諾
			1946	日本国憲法公布
1947	教育基本法公布 学校教育法公布			
			1951	サンフランシスコ平和条約締結
1964		宮崎中央高等商業学校に改称	1964	東京オリンピック開催
1965		宮崎中央高等学校開校		
			1972	(A) 沖縄返還・ (B) 日中国交回復
1987		宮崎産業経営大学開学		
1989		⑥鵬翔高等学校に改称		
1996		センバツ甲子園出場		
2001	⑦文部省名称変更			
2004		鵬翔中学校開学		
2013		全国高等学校サッカー選手権全国制覇		
			2021	⑧東京オリンピック パラリンピック開催
2022	教育制度150年	鵬翔高等学校100周年	2022	ロシア、ウクライナ侵攻

社会 12

問１　年表中の下線部①について、この政策の内容に関する下の文の（　　ア　　）～（　　ウ　　）に適する語句を、それぞれ答えよ。

欧米の強国に対抗するためには、教育の普及が大きな役割を果たすと考え、政府は（　　ア　　）歳以上の（　　イ　　）全てに小学校教育を受けさせる制度を作った。しかし学校の建設費は地元負担で、（　　ウ　　）は家庭負担であったため、就学率は低かった。

問２　年表中の下線部②について、この憲法の発布にもとづき衆議院議員を選ぶ権利を一部の人々が得たが、当時の選挙資格を下の（ア）～（エ）から１つ選び、記号で答えよ。

（ア）直接国税 15 円以上納める 25 歳以上の男子のみ。
（イ）直接国税 15 円以上納める 20 歳以上の男女。
（ウ）直接国税 15 円以上納める 18 歳以上の男子のみ。
（エ）直接国税 15 円以上納める 18 歳以上の男女。

問３　年表中の下線部③は、戦後禁止され、国会でも失効・排除が決議された。この勅語の禁止を命令した機関は何か。**アルファベット３字**で答えよ。

問４　年表中の下線部④について、この学校が設立された前年から1922年にかけて、中国の独立と領土の保全と、太平洋地域の現状維持を決めた国際会議が開かれた。この会議を何というか。下の（ア）～（エ）から１つ選び、記号で答えよ。

（ア）ロンドン会議　　（イ）ワシントン会議
（ウ）アジア・アフリカ会議　　（エ）パリ講和会議

問５　年表中の下線部⑤について、この学校名が改称された年、日本軍部（関東軍）が中国奉天郊外で軍事行動を開始し、15 年間にわたる戦争が始まった。この戦闘を何というか。下の（ア）～（エ）から１つ選び、記号で答えよ。

（ア）西南戦争　　（イ）アヘン戦争　　（ウ）日清戦争　　（エ）満州事変

問６　年表中の下線部⑥について、この学校名が改称された年に世界と日本で画期的な出来事が起こった。それに関する下の文の（　ア　）・（　イ　）に適する語句を、それぞれ答えよ。

世界では、東欧諸国の民主化運動が激化し、米ソ首脳の会談が開かれ、（　ア　）の終結宣言がなされた。日本では、１月７日昭和天皇が死亡し、皇太子が天皇に即位し、翌日８日から元号が（　イ　）に変わった。

問７　年表中の下線部⑦について、文部省はこの年、行政改革に伴う組織改革により新しい省名に変わり、現在にいたる。その省名を答えよ。

問８　年表中の下線部⑧について、次回パリで開催されるオリンピック・パラリンピックは西暦何年に開催されるか。西暦年で答えよ。

問９　年表中の下線部（A）・（B）の時期の日本の総理大臣は誰か。下の（ア）～（エ）からそれぞれ１つずつ選び、記号で答えよ。

（ア）佐藤栄作　（イ）田中角栄　（ウ）福田赳夫　（エ）安倍晋三

K 教英出版

令和５年度

鵬翔高等学校入学試験問題

理　科

第４時限（12 時 30 分～ 13 時 15 分）

時間４５分

（注　意）

1.「始め」の合図があるまで、このページ以外のところを見てはいけません。

2. 問題用紙は表紙を除いて８ページ、問題は４題です。

3.「始め」の合図があったら、まず解答用紙に志望学科・コース・受験番号・氏名を記入し、 次に問題用紙のページ数を調べ、不備があれば申し出てください。

4. 答えは必ず解答用紙の指定欄に記入してください。

5.「やめ」の合図があったら、すぐ鉛筆を置き、解答用紙だけを裏返しにして机の上に置いてください。

1 次のA～Cの溶液を用いて、**〈実験Ⅰ～Ⅳ〉**を行った。以下の各問いに答えなさい。

A：エタノール

B：水

C：エタノールと水を同じ質量混ぜた溶液

〈実験Ⅰ〉 **図1**の装置で、A～Cの溶液5 cm³にそれぞれ沸とう石を2、3個入れ、溶液ごとにガスバーナーで加熱して、1分ごとに温度を測った。

〈実験Ⅱ〉 **図2**の装置で、Cの溶液10cm³に沸とう石を2、3個入れ、ガスバーナーで加熱した。出てきた気体を冷やして液体にして、試験管X、Y、Zの順に約3 cm³ずつ集めた。3本集まったところで①ガラス管を試験管から抜いて加熱をやめた。次に、試験管X～Zにたまった液体をそれぞれ蒸発皿に移し、すぐにマッチの火を近づけたところ、②火がついたのは1つだけであった。

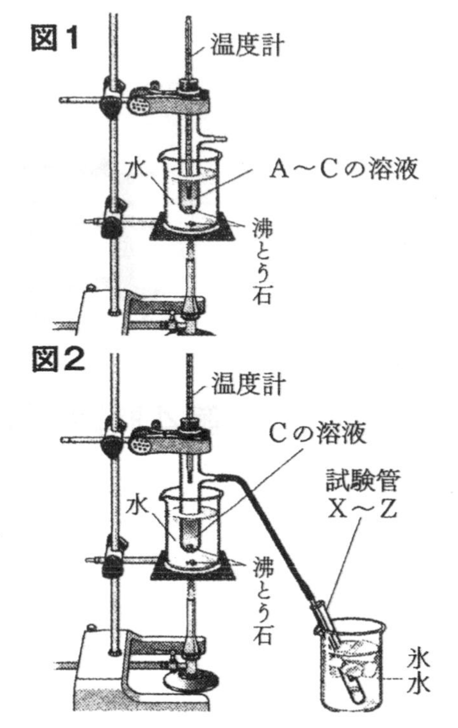

〈実験Ⅲ〉 A～Cの溶液をそれぞれ20cm³ずつビーカーにとり、溶液の質量を測った。**表1**はその結果を示したものである。

表1

溶液	A	B	C
質量（g）	15.8	20.0	18.4

〈実験Ⅳ〉 A～Cの溶液に3種類のプラスチックD～Fの小片を入れてそのようすを観察した。**表2**はプラスチックD～Fの密度を示したものである。

表2

	プラスチックD	プラスチックE	プラスチックF
密度（g/cm³）	1.51	1.22	0.88

理科2

（1）**〈実験Ⅰ〉**において、A～Cの溶液を入れた試験管を直接加熱していないのはなぜか。「エタノール」という語を用いてその理由を説明せよ。

（2）**〈実験Ⅰ〉**において、AおよびCの溶液の温度変化を表したグラフはどれか。最も適するものを次のア～エより1つずつ選び、記号で答えよ。

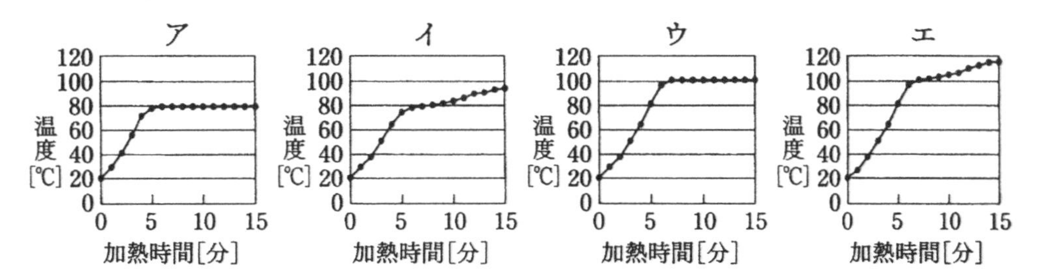

（3）**〈実験Ⅱ〉**の下線部①において、加熱をやめる前にガラス管を試験管から抜くのはなぜか。その理由を説明せよ。

（4）**〈実験Ⅱ〉**において、下線部②の液体は試験管X～Zのどの試験管から取り出した液体か答えよ。

（5）試験管X～Zに集めた液体の、水に対するエタノールの割合の大小関係はどうなっているか。エタノールの割合が大きい順に記号を並べよ。

（6）**〈実験Ⅲ〉**において、Aの溶液の密度（g/cm^3）を小数第2位まで答えよ。

（7）**〈実験Ⅳ〉**において、3種類のプラスチックとも沈んだ溶液が1つだけあった。A～Cの溶液より選び、記号で答えよ。

2　次の会話文を読んで、以下の各問いに答えなさい。

クミコ：おじいさんからもらったイチゴの苗を土に植えたら、花が咲いてたくさんのイチゴがとれたよ。

おじいさん：イチゴの苗は種子ではないけれど、新しいイチゴをつくることができるんだ。

クミコ：イチゴは種子をつくらないのかな～？

おじいさん：種子もつくるよ。でも、クミコは苗から増やしたね。イチゴの種子は体の一部から新しい個体をつくる（　１　）生殖と、生殖細胞のように、雌雄の親がかかわって新しい個体をつくる（　２　）生殖の両方ができるんだよ。

クミコ：アメーバやミカヅキモが（　１　）生殖によって、分裂して新しい個体をつくることを勉強したよ。イチゴは種子を使うことはないのかな～？

おじいさん：新しい品種をつくるときに種子を使うよ。例えば、大ぶりのイチゴと甘いイチゴをかけ合わせると、両方の特徴が伝わって、大ぶりで甘いイチゴができるんだよ。このように、親から子へ特徴を伝える形質のもととなるものを遺伝子というんだ。遺伝子の本体は（　３　）という物質で、それは細胞の核内の（　４　）にふくまれていることが明らかになっているんだよ。

（1）　会話文の空欄（1）～（4）に適する語句の組み合わせとして、最も適するものを、(ア)～(エ)より１つ選び、記号で答えよ。

	(1)	(2)	(3)	(4)
(ア)	有性	無性	DNA	染色体
(イ)	有性	無性	染色体	DNA
(ウ)	無性	有性	DNA	染色体
(エ)	無性	有性	染色体	DNA

（2）　生殖細胞ができるときに行われる特別な細胞分裂を何というか答えよ。

K 教英出版

（３） 遺伝子の伝わり方について、次の**〈実験ａ～ｄ〉**について、①～④の各問いに答えよ。

〈実験ａ〉 丸い種子のエンドウの純系 P_1 と、しわのある種子のエンドウの純系 P_2 をかけ合わせた。このときできたエンドウの種子はすべて丸い種子であった。

〈実験ｂ〉 **実験ａ**でできた種子を自家受粉させると、丸い種子のエンドウとしわのある種子のエンドウが合わせて100個できた。

〈実験ｃ〉 ある丸い種子のエンドウ P_3 と、しわのある種子のエンドウ P_4 をかけ合わせると、丸い種子のエンドウとしわのある種子のエンドウが同じ数できた。

〈実験ｄ〉 **実験ｃ**でできた丸い種子 P_5 と、しわのある種子 P_6 それぞれを自家受粉させると、丸い種子のエンドウとしわのある種子のエンドウの両方ができた。

① **〈実験ａ〉**では、丸い種子のみが現れた。この現れた形質を何というか。

② **〈実験ｂ〉**でできた、しわのあるエンドウの数はいくつか。最も近いものを次の（ア）～（エ）より１つ選び、記号で答えよ。

（ア）75個　（イ）55個　（ウ）35個　（エ）25個

③ **〈実験ｃ〉**で、かけ合わせに用いた丸い種子のエンドウと、しわのある種子のエンドウの遺伝子の組み合わせを、丸い種子にする遺伝子をＡ、しわのある種子にする遺伝子をａとして、Ａとａを用いてそれぞれ答えよ。

④ **〈実験ｄ〉**で、丸い種子のエンドウとしわのある種子のエンドウの数は、およそ何：何になるか。最も簡単な整数比で答えよ。なお、P_5 と P_6 それぞれから同じ数のエンドウの種子ができるとする。

3 以下のⅠ・Ⅱの各問いに答えなさい。

Ⅰ．　次のような〈**実験１～２**〉を行った。各問いに答えよ。

〈**実験１**〉　**図１**のように記録テープをつないだ台車を斜面上のＯ点に置き、静かに手をはなしたときの運動を、１秒間に60回打点する記録タイマーでテープに記録した。**図２**は、このとき得られたテープを６打点ごとにＡ～Ｈとし、Ａから順に台紙にはりつけたものである。ただし、テープは台車が運動を始めたところから台紙にはりつけているものとし、斜面と水平面はなめらかにつながるものとする。

〈**実験２**〉　傾きの角度が大きな斜面台に変えて、**実験１**と同様の実験を行った。

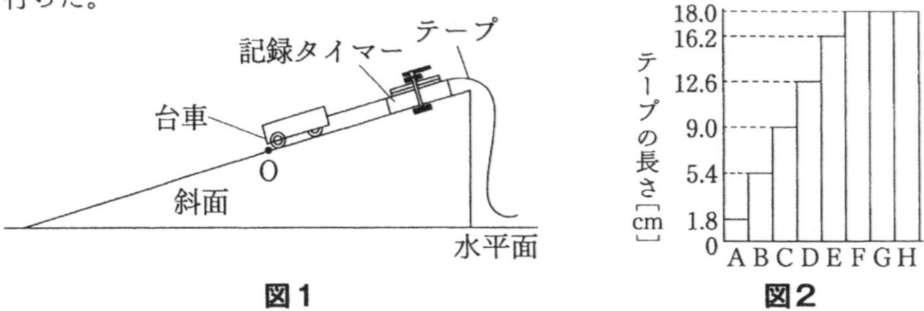

図１　　**図２**

（１）　記録タイマーが６打点するのに何秒かかるか答えよ。

（２）　**図２**で、Ｃの区間での台車の平均の速さは何cm/秒か答えよ。

（３）　問題削除

（４）　台車が斜面を下る間、台車にはたらく重力の斜面に平行な分力の大きさはどうなっているか。また、このときの台車の速さは、時間とともにどのように変化するか。それぞれ簡潔に答えよ。

（５）　台車が動き始めてから0.6秒経過したとき、台車の移動距離は何cmか答えよ。

（６）　**実験２**で、Ｏ点に置いた台車にはたらく重力の斜面に平行な分力の大きさは、**実験１**のときと比べてどうなるか。簡潔に答えよ。

（７）　斜面台の角度が大きくなると、斜面上での速さの変わり方はどうなるか。次の（ア）～（ウ）より正しいものを１つ選び、記号で答えよ。

（ア）大きくなる　　（イ）小さくなる　　（ウ）変わらない

Ⅱ. **図**の装置で、太さの異なる２本の弦を用いて、おもりの数と木片の位置を変え、木片と点Ｐの中央を同じ強さではじき、音の高さを調べた。**表**の①～⑤は、おもりの数、弦の太さ、木片の位置の組み合わせの条件をそれぞれ示したものである。次の各問いに答えよ。ただし、弦の材質は同じであるとする。

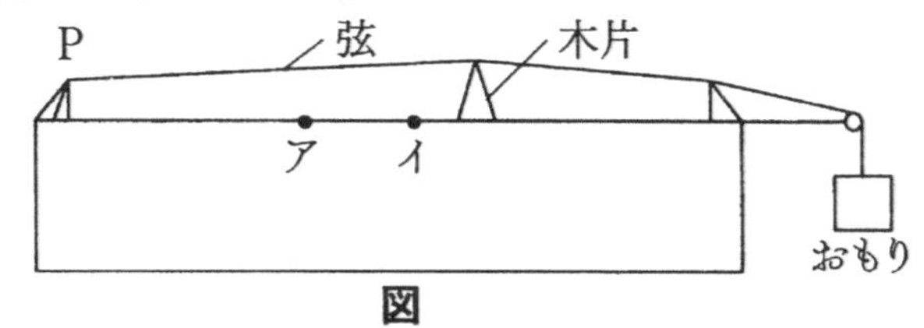

図

表

	①	②	③	④	⑤
おもりの数	１個	１個	１個	２個	２個
弦の太さ	細い	太い	太い	細い	太い
木片の位置	ア	ア	イ	ア	イ

（８） 木片の位置、弦の太さが同じとき、高い音が出るのは、おもりが１個と２個のどちらのときか。おもりの数を答えよ。

（９） 弦の長さによる音の高さを調べるためには、**表**の①～⑤のどれとどれの条件を比べればよいか。それぞれ番号で答えよ。

（10） 最も低い音が出たのは、どの条件か。**表**の①～⑤より１つ選び、番号で答えよ。

（11） 弦を強くはじいたとき、大きくなるのは振幅、振動数のどちらか答えよ。

4 星の動きについて、以下のⅠ・Ⅱの各問いに答えなさい。

Ⅰ．　日本のある場所で、晴れた日の午後8時に北の空に見える北斗七星と南の空に見えるオリオン座を観測した。観測している間、北の空では、北斗七星が星Xを中心として円を描くように移動し、南の空でもオリオン座が円を描くように移動していることがわかった。**図1**は、午後8時の北の空の北斗七星と星Xの位置関係を示したものであり、**図2**は、南の空のオリオン座の位置を示したものである。これについて、各問いに答えよ。なお、北の空に見える星Xは、観測している間、ほとんど位置を変えることはなかった。

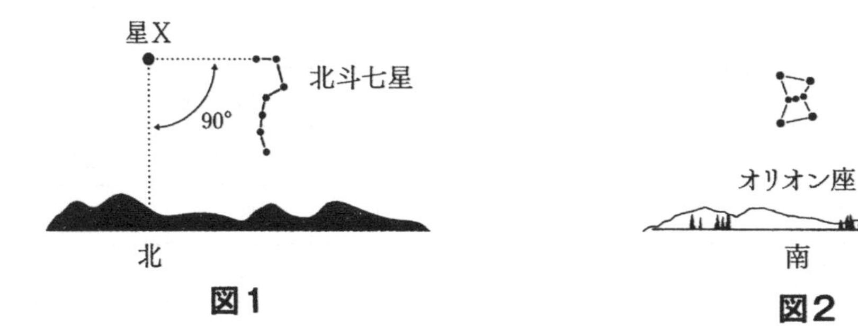

図1　**図2**

（1）**図1**の星Xの名称を答えよ。

（2）観測している間、星Xがほとんど位置を変えなかった理由を、「星X」、「地軸」という語を用いて説明せよ。

（3）この日の午後11時に北斗七星はどの位置に見えるか。最も適するものを**図3**のア～エより1つ選び、記号で答えよ。

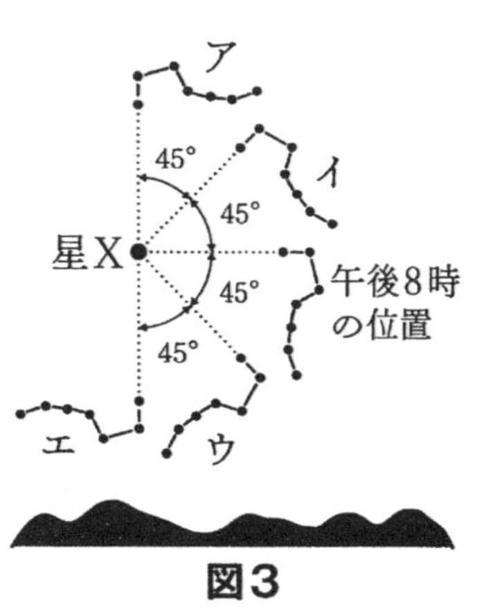

図3

（4）この日の午後12時にオリオン座はどの位置に見えるか。最も適するものを**図4**のア～エより1つ選び、記号で答えよ。

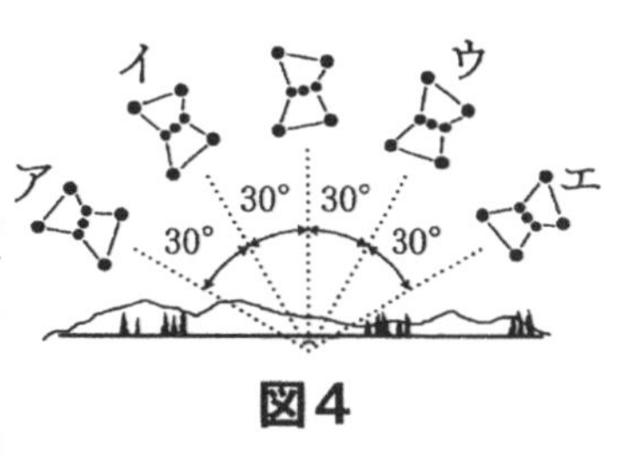

図4

（5）北斗七星やオリオン座は、円を描くように移動しているようにみえるが、これは見かけの動きであり、このような天体の1日の見かけの動きを日周運動という。天体の日周運動がおこる理由を「1日」、「東」、「西」という語を用いて説明せよ。

Ⅱ．　**図５**は、北の空に見えるほとんど位置を変えない星Ｐと星Ｐを中心として動く恒星Ｑとの位置関係を、年間を通して観測した結果を模式的に示したものである。これについて次の各問いに答えよ。なお、**図５**の１の位置に恒星Ｑがきたのは、７月１日の20時であり、**図５**の１～12の位置の番号の間は等間隔とする。

（６）　５月１日の20時の恒星Ｑの位置として最も適するものを、**図５**の１～12より１つ選び、番号で答えよ。

（７）　９月１日の22時の恒星Ｑの位置として最も適するものを、**図５**の１～12より１つ選び、番号で答えよ。

（８）　11月15日の19時の恒星Ｑの位置として最も適するものを、**図５**の１～12より１つ選び、番号で答えよ。

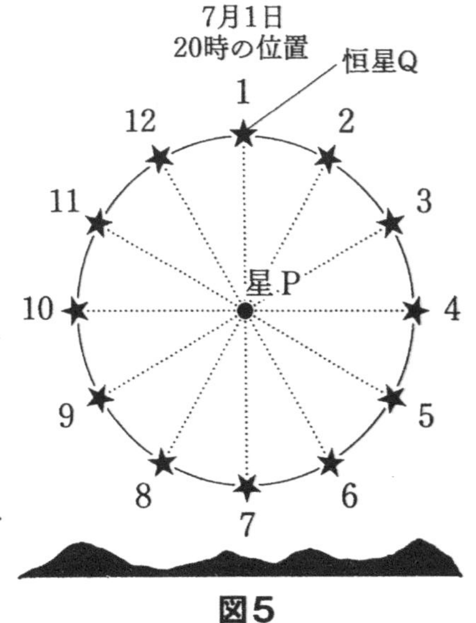

図５

（９）　12月15日に**図５**の６の位置に恒星Ｑがくるのは何時ごろか。最も適する時間を答えよ。

令和５年度

鵬翔高等学校入学試験問題

第５時限（13 時 30 分～ 14 時 15 分）

時間 45分

（注　意）

1．「始め」の合図があるまで、このページ以外のところを見てはいけません。

2．問題用紙は表紙を除いて６ページ、問題は４題です。

3．「始め」の合図があったら、まず解答用紙に**志望学科・コース・受験番号・氏名**を記入し、次に問題用紙のページ数を調べ、不備があれば申し出てください。

4．答えは必ず解答用紙の指定欄に記入してください。

5．「やめ」の合図があったら、すぐ鉛筆を置き、解答用紙だけを裏返しにして机の上に置いてください。

英語 1

1 各設問に答えよ。

問 1　下線部の発音が他とは異なるものをア～ウから 1 つ選び、記号で答えなさい。

(1) ア young　イ mouth　ウ house
(2) ア days　イ dogs　ウ desks
(3) ア drive　イ sick　ウ children
(4) ア coach　イ boat　ウ abroad
(5) ア helped　イ wanted　ウ looked

問 2　アクセントの位置が他とは異なるものをア～エから 1 つ選び、記号で答えなさい。

(1) ア Af-ri-ca　イ Ja-pan　ウ mu-sic　エ hap-py
(2) ア pop-u-lar　イ In-ter-net　ウ vi-o-lin　エ choc-o-late
(3) ア Sep-tem-ber　イ im-por-tant　ウ com-put-er　エ un-der-stand
(4) ア res-tau-rant　イ ham-burg-er　ウ hol-i-day　エ i-de-a
(5) ア to-mor-row　イ mu-si-cian　ウ pi-an-o　エ tel-e-phone

問 3　(　　) に入る最も適切な文をア～エから 1 つ選び、記号で答えなさい。

(1) A: It's very cold today.
B: Is it? I feel hot.
A: I'm sure you do. (　　　　　　　　　　　　　)
B: I'll buy you something hot to warm you up.

ア You want to drink something hot.　イ You're wearing a nice warm sweater.
ウ I like your room more than mine.　エ I want to open the window.

(2) A: What's the next class?
B: I have Japanese history class.
A: (　　　　　　　　　　　　)
B: It's very interesting.

ア How do you like it?　イ What subject do you like best?
ウ Do you enjoy it?　エ Who teaches the class?

英語 2

(3) A: What would you like to have?
B: I would like to have two hamburgers and a medium coffee.
A: OK. (   )
B: That's all.

ア Do you want to eat more?　イ Does your daughter want French fries?
ウ For here or to go?　エ Anything else?

(4) A: May I help you?
B: I'm looking for a bag.
A: How about this one?
B: It's too big. (   )

ア I'm just looking.　イ May I try this on?
ウ Show me another.　エ I'll take it.

(5) A: Do you know where Ms. White is?
B: No, I don't. (   )
A: I want to ask her some questions about English.
B: I see. Let me take a look at the questions. I may be able to answer them.

ア What time are you going to see her?　イ Why are you looking for her?
ウ Do you have an appointment with her?　エ Do you like her?

英語３

2 問題を読み、各設問に答えよ。

問１　次の文の（　　）内から適する語句をア～エから１つ選び、記号で答えなさい。

(1) My uncle（ア don't　イ doesn't　ウ aren't　エ isn't）play baseball.
(2) Who usually（ア cook　イ cooks　ウ cooking　エ to cook）dinner in your family?
(3) What time did you（ア get　イ got　ウ getting　エ to get）up today?
(4) There（ア is　イ was　ウ are　エ were）some bikes in the park three days ago.
(5) Brian wants to（ア is　イ was　ウ be　エ do）a teacher.

問２　各組の文がほぼ同じ内容を表すように、（　　）に適語を入れなさい。

(1) Nancy painted this picture last week.
　This picture（　　　　）（　　　　）by Nancy last week.
(2) Do you know the way to the station?
　Do you know how（　　　　）（　　　　）to the station?
(3) I don't know his address.
　I don't know（　　　　）he（　　　　）.

問３　日本文に合うように、（　　）に適語を入れなさい。

(1) お年寄りには親切でなければなりません。
　You（　　　　）（　　　　）kind to old people.
(2) ユキはみどりより速く走ることができます。
　Yuki can run（　　　　）（　　　　）Midori.
(3) 母は私にかばんを作ってくれました。
　My mother made a bag（　　　　）（　　　　）.
(4) メグは外国の文化について学ぶことに興味があります。
　Meg is（　　　　）in（　　　　）foreign cultures.

問４　日本文に合うように（　　）内の語を並べかえ、並びかえた語のみ数えて３番目と５番目を記号で答えなさい。

(1) ミキは去年の夏からずっとロンドンにいます。
　Miki（ア since　イ last　ウ in　エ been　オ has　カ London）summer.
(2) 私たちには買い物に行く時間がほとんどありません。
　We（ア go　イ time　ウ have　エ shopping　オ little　カ to）.
(3) この町に住んでどれくらいになりますか。
　How（ア in　イ have　ウ this　エ you　オ town　カ long　キ lived）?
(4) あなたに言わなければならないことがあります。
　There（ア something　イ have　ウ I　エ is　オ to　カ you　キ tell）.
(5) 彼女が歌えば、そのパーティーはもっと素晴らしいものになるでしょう。
　Her songs（ア more　イ party　ウ wonderful　エ make　オ will　カ the）.

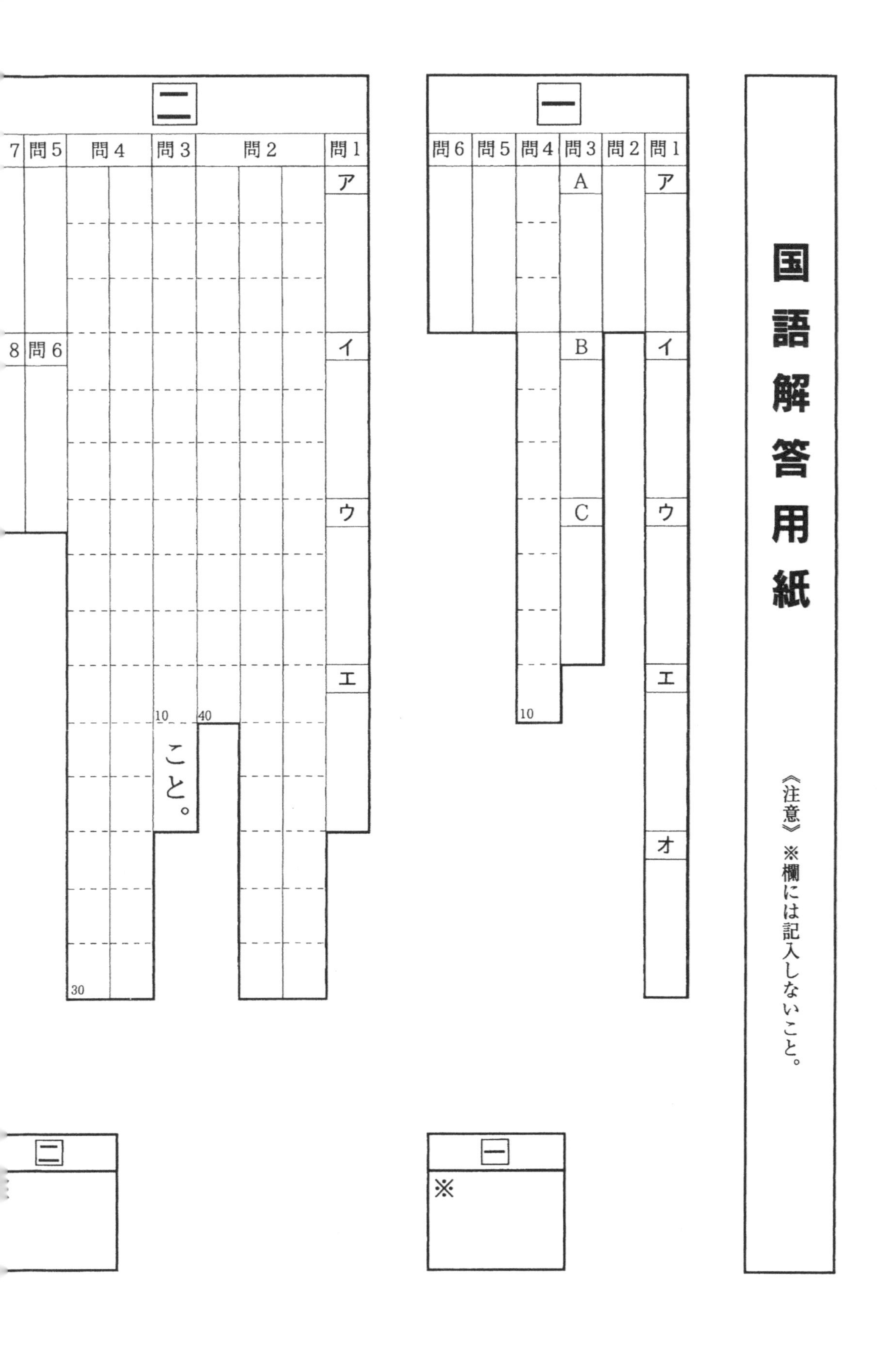

国語解答用紙
《注意》※欄には記入しないこと。
一
問1
ア
イ
ウ
エ
オ
問2
問3
A
B
C
問4
10
問5
問6
二
問1
ア
イ
ウ
エ
問2
40
問3
10
こと。
問4
30
問5
問6
7
8
一
※
二

(3)	

4

(1)	A		B			
(2)		(3)		(4)		

4	※

5

(1)	線分 CF の長さ		DG：GF	
(2)		(3)		

5	※

6

(1)		(2)		(3)		(4)	

6	※

志　望　学　科	受　験　番　号	氏　　　名
科 （　　　　　）コース		

合計	※ ※100点満点 （配点非公表）

3

問1				問2	問3				問4	問5
(1)		(2)			(a)		(b)			

問6	問7				問8	問9
	(i)		(ii)			

3	※

4

問1						問2	問3
(ア)		(イ)		(ウ)			

問4	問5	問6				問7
		(ア)		(イ)		

問8	問9			
年	(A)		(B)	

4	※

志望学科	受験番号	氏名
科 (　　　　)コース		

合計	※ ※100点満点 (配点非公表)

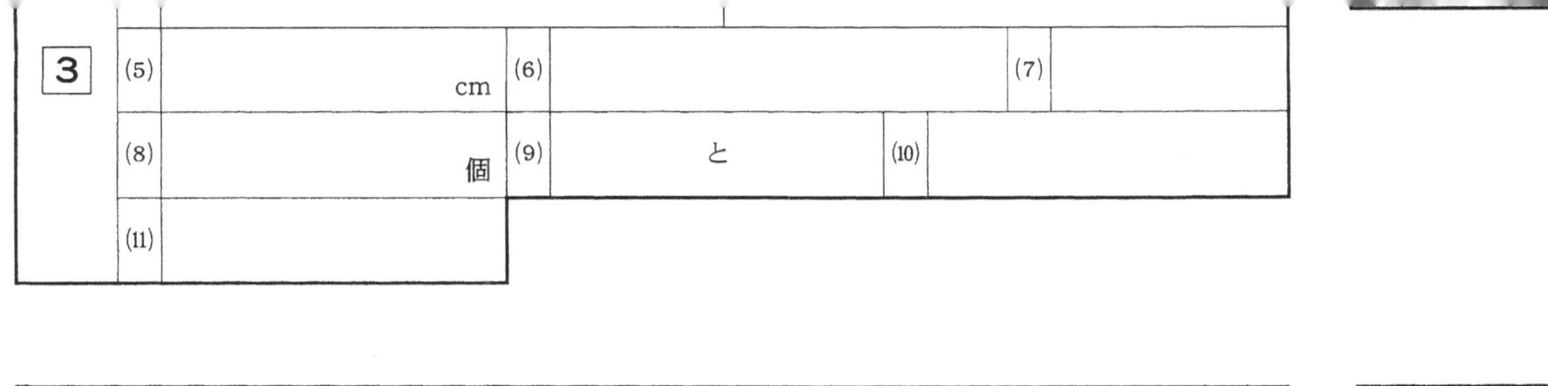

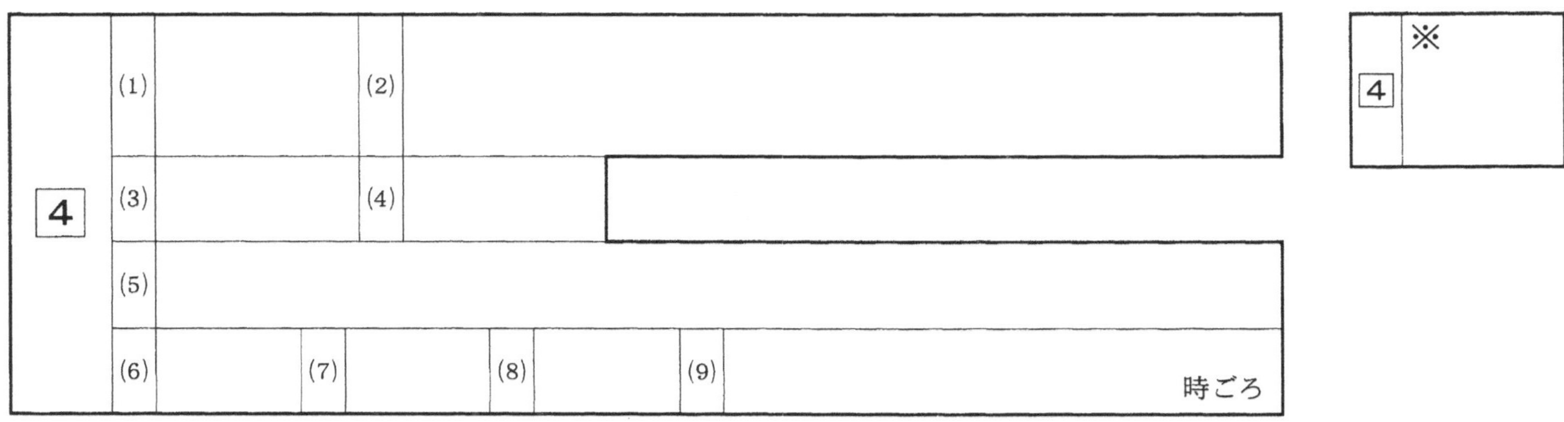

4	※

志望学科	受験番号	氏名
科 （　　　　　）コース		

合計	※ ※100点満点 （配点非公表）

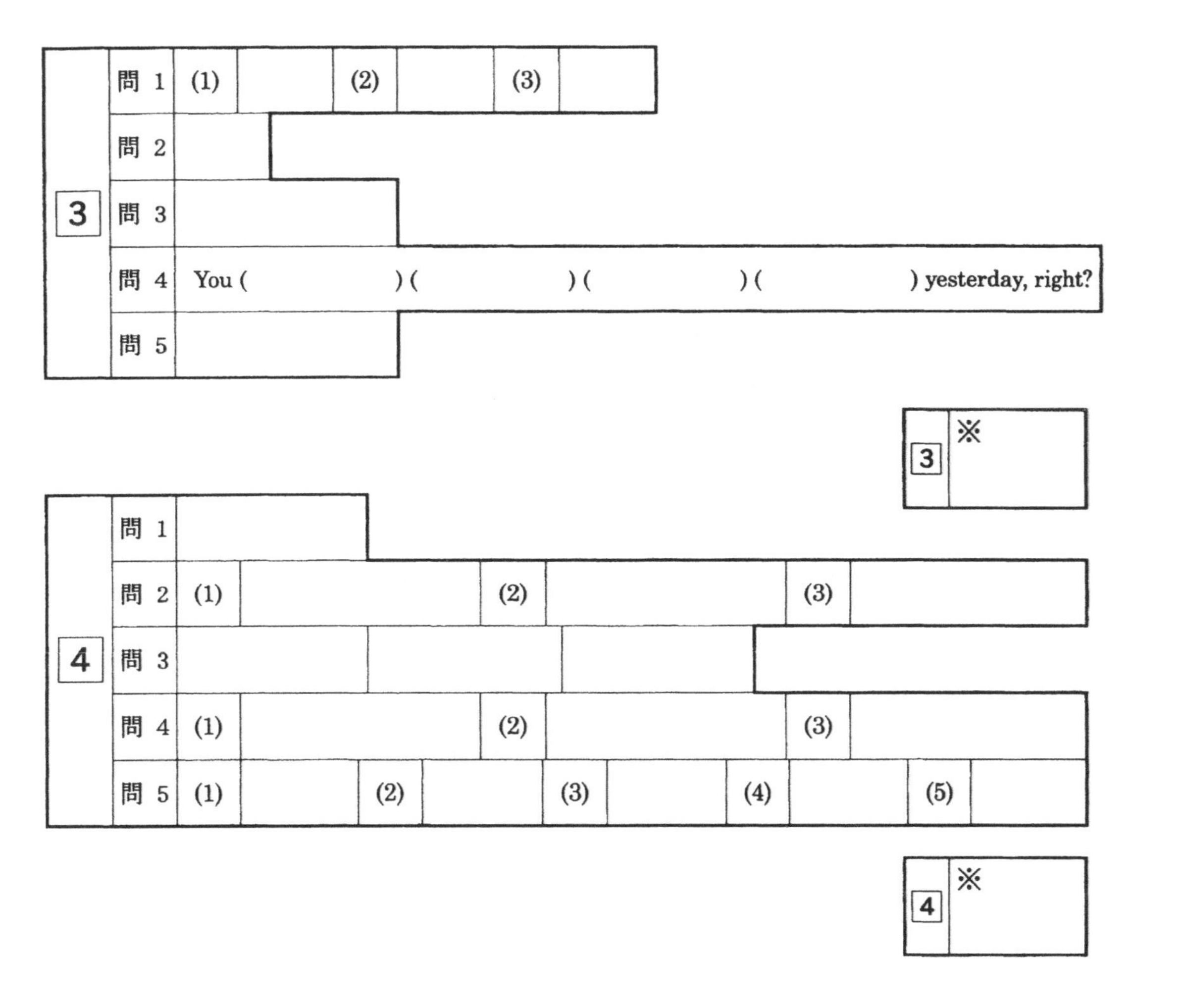

3								
	問 1	(1)		(2)		(3)		
	問 2							
	問 3							
	問 4	You (	) (	) (	) (	) yesterday, right?		
	問 5							

3	※

4											
	問 1										
	問 2	(1)		(2)		(3)					
	問 3										
	問 4	(1)		(2)		(3)					
	問 5	(1)		(2)		(3)		(4)		(5)	

4	※

志望学科	受験番号	氏名
科 (　　コース)		

※印には何も書かないでください。

※
※100点満点 (配点非公表)

英語解答用紙

≪注意≫※欄には記入しないこと。

1											
	問 1	(1)		(2)		(3)		(4)		(5)	
	問 2	(1)		(2)		(3)		(4)		(5)	
	問 3	(1)		(2)		(3)		(4)		(5)	

1	※

2											
	問 1	(1)		(2)		(3)		(4)		(5)	
	問 2	(1)				(2)					
		(3)									
	問 3	(1)				(2)					
		(3)				(4)					
	問 4	(1)	3番目	5番目	(2)	3番目	5番目	(3)	3番目	5番目	
		(4)	3番目	5番目	(5)	3番目	5番目				

2	※

理 科 解 答 用 紙

≪注意≫※欄には記入しないこと。

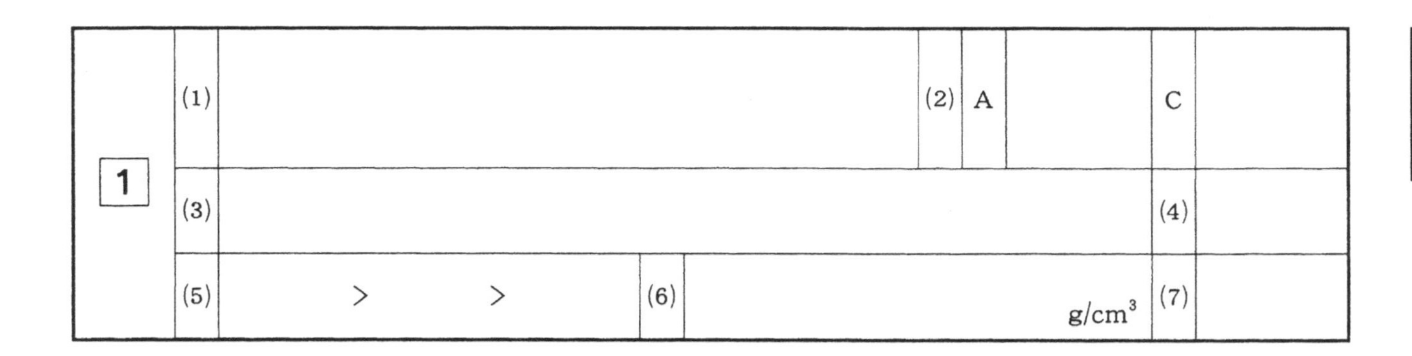

1	(1)		(2)	A		C	
	(3)					(4)	
	(5)	＞　＞	(6)	g/cm^3		(7)	

※
1

2	(1)		(2)						
	(3)	①		②		③	丸		しわ
	④	丸い種子：しわのある種子　＝　：							

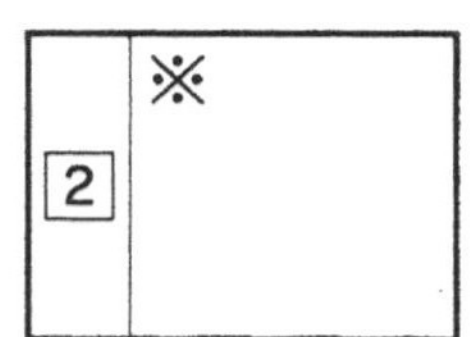

※
2

	(1)		(2)		(3)	

※

【解答

社会解答用紙

≪注意≫※欄には記入しないこと。

1

問1	問2				問3				問4	問5
	グラフI		グラフII		①		②			

問6	問7	問8

問9				問10
A		B		

1	※

2

[I]

問1	問2	問3	問4
	天皇		

問5			問6	問7	問8
		政			

[II]

問9	問10	問11	問12

2	※

【解答

数学解答用紙

≪注意≫※欄には記入しないこと。

1

(1)		(2)		(3)	
(4)		(5)			

1	※

2

(1)		(5)	
(2)			
(3)			
(4)			

2	※

3

(1)	平均		中央	

3	※

【解答

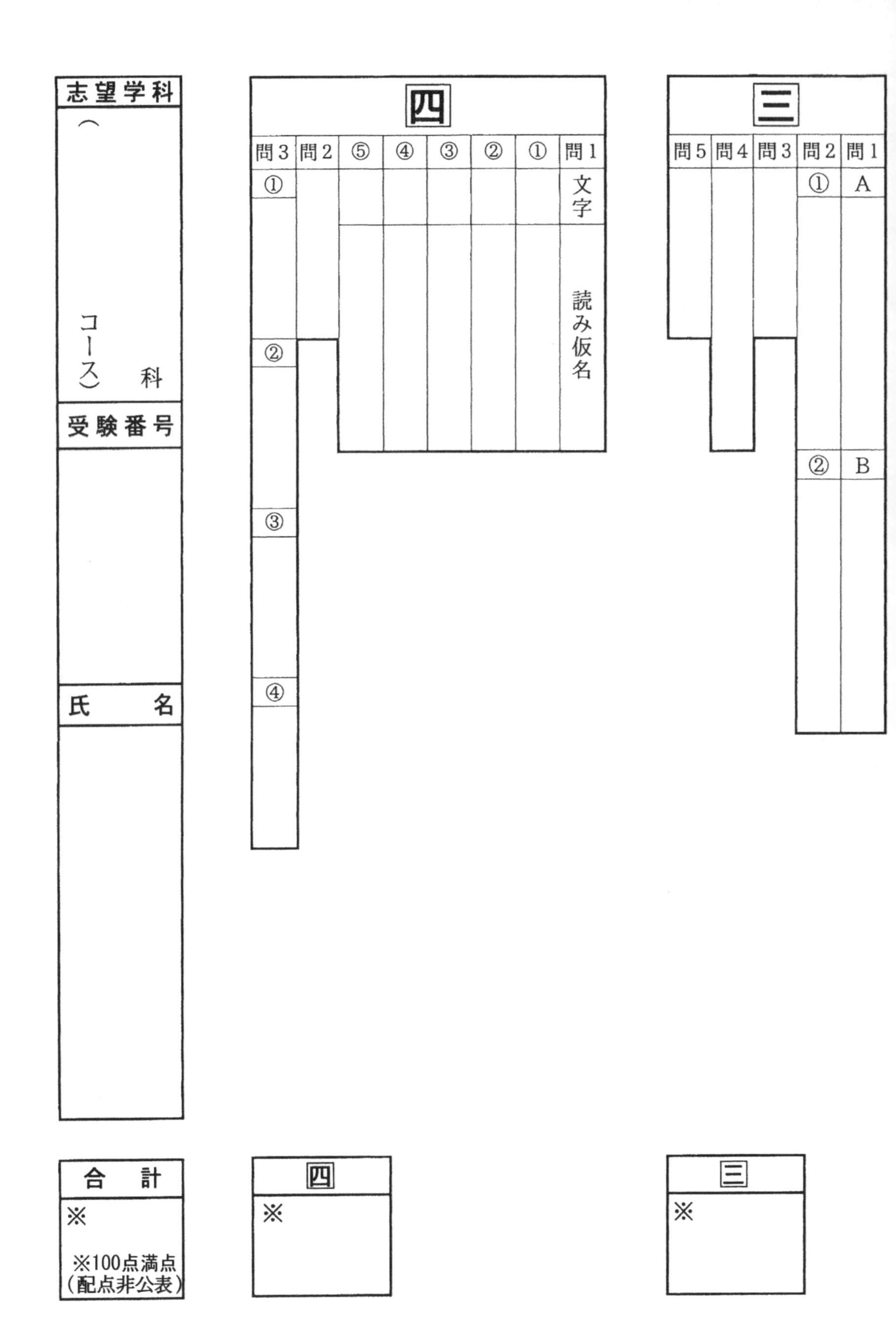

2023(R5) 鵬翔高

K 教英出版

英語４

3 対話文を読み、各設問に答えよ。

中学生のMikiとYutaが教室で話しています。

Miki: Yuta, how did you come to school today?
Yuta: I came by bus because it was raining, but I usually walk. How about you?
Miki: I usually come by bike, but I came by train (①) it rained.
Yuta: Do you know how our classmates come to school, Miki?
Miki: Well, eighteen students come by bike. ② Nine students come to school on foot.
Yuta: Really? How about the other students?
Miki: Three students come by train, and five students come by bus.
Yuta: Oh, that's interesting!
Miki: Yuta, ③あなたは、昨日、学校に遅刻したね。Did you miss the bus yesterday?
Yuta: Yes. ④ So, I got up (　　) this morning than yesterday.

問１　次の質問に対する答えとして最も適するものをア～ウから１つ選び、記号で答えなさい。

(1) How did Miki come to school today?
ア By bike.
イ By bus.
ウ By train.

(2) How many students usually come to school by bus?
ア Three students.
イ Five students.
ウ Nine students.

(3) Which is the most common way to come to school in their class?
ア By bike.
イ By bus.
ウ By train.

問２　(①)に最も適する語をア～エから１つ選び、記号で答えなさい。

ア and　　イ that　　ウ because　　エ when

問３　下線部②を以下のように言い換えた場合、(　　)に入る適語を答えなさい。

Nine students (　　) to school.

問４　下線部③を英文になおすとき、(　　)に入る適語を答えなさい。

You (　　)(　　)(　　)(　　) yesterday, right?

問５　下線部④の日本語が、「だから、今朝は昨日より早く起きたよ。」となるように、(　　)に入る英語を１語で答えなさい。

4 英文を読み、各設問に答えよ。

In Japan, we have six kinds of coins. They are 1, 5, 10, 50, 100 and 500 yen coins. We see them every day, but do you remember their designs? Let's look at these coins carefully.

First, look at the 1 yen coin. It is the oldest kind of the six coins (①) are still being made. It was first made in 1955, and sixty seven years have passed since then. The design of the coin was selected from citizens' ideas, and either side of the coin has a different design from a different person's idea. ② "A young tree" is drawn on the back of the coin, and the tree shows "Japan growing toward the future".

Next, look at the 5 yen coin. There are three things on the coin. We can see a rice plant on the left, and a *gear around the hole of the coin. We can see the lines under the hole, too. The lines are water. These designs show ③ the three main jobs that many Japanese people did in the 1950s. There are two young plants on its back. They show that Japan started as a new country after the war.

One of the most traditional Japanese buildings, "Byodoin Ho-oh-doh," drawn on the 10 yen coin, expresses the Land of Happiness, "*gokuraku jodo*" in Japanese. Fujiwara no Yorimichi wanted to *realize it in this world, and he built the *hall in 1053.

The 100 yen and 50 yen coins that are being made were born in the same year, 1967. Also, they are made from *cupronickel. The design of the 100 yen coin is now cherry blossoms and the 50 yen coin has *chrysanthemums on the front side.

When Japan started to become rich, vending machines spread *rapidly all over the country and the prices of things sold in them also rose. For these reasons, ④ the 500 yen coin was *introduced in 1982.

【*】gear：歯車　realize：実現する　hall：平等院鳳凰堂　cupronickel：白銅
chrysanthemum：菊　rapidly：急速に　introduce：導入する

英語６

問１　（　①　）に入る最も適切なものを、ア～ウから１つ選び、記号で答えなさい。

ア what　　イ which　　ウ who

問２　以下の文は、下線部②が表しているものについての説明である。（　１　）～（　３　）に適切な日本語を補って文を完成させなさい。

（　　１　　）に向かって（　　２　　）している（　　３　　）。

問３　下線部③にあてはまる職業をア～コから３つ選び、記号で答えなさい。

ア 教師　　イ 米農家　　ウ 看護師　　エ 機械工　　オ デパート店員
カ 漁師　　キ 警察官　　ク 建築士　　ケ 調理師　　コ 電車運転士

問４　以下の文は、下線部④が作られた理由である。（　１　）～（　３　）に適切な日本語を補って文を完成させなさい。

自動販売機が（　　１　　）に急速に普及し、自動販売機で販売される商品の（　　２　　）も（　　３　　）から。

問５　本文の内容に合うものには○、異なるものには×で答えなさい。

(1) 1円硬貨は、現在製造されている硬貨の中で最も古いものである。
(2) 5円硬貨の裏面には新種の植物が描かれている。
(3) 10円硬貨に描かれている「平等院鳳凰堂」は、1053年に藤原頼通が建立した。
(4) 100円硬貨と50円硬貨のデザインには、共に同じ花が使用されている。
(5) 50円硬貨の発行年よりも500円硬貨の発行年の方が古い。

令和４年度

鵬翔高等学校入学試験問題

第１時限（９時００分～９時４５分）

時間４５分

（注　意）

１．「始め」の合図があるまで、このページ以外のところを見てはいけません。

２．問題用紙は表紙を除いて８ページ、問題は４題です。

３．「始め」の合図があったら、まず解答用紙に**志望学科・コース・受験番号・氏名**を記入し、次に問題用紙のページ数を調べ、不備があれば申し出てください。

４．答えは必ず解答用紙の指定欄に記入してください。

５．「やめ」の合図があったら、すぐ鉛筆を置き、解答用紙だけを裏返しにして机の上に置いてください。

一 次の文章を読んで後の問いに答えなさい。

《「私」は、イタリア・ミラノでの新婚生活時代の、イタリア人の姑（しゅうとめ・夫の母親）とのエピソードを思い出している》

「一人の人を理解するまでには、［A］一トンの塩を一緒になめなければだめなのよ」

ミラノで結婚してまもないころ、夫と、これといった深い考えもないまま知人のうわさ話をしていた私に向かって、姑が［B］こんなことを言った。とっさに例えの意味がわからなくて［X］私に姑は「自分も若いころ姑から聞いたのだ」と言って、こう説明してくれた。

「一トンの塩を一緒になめるっていうのはね、嬉しいことや悲しいことを、いろいろと一緒に経験する、という意味なのよ。塩なんてたくさん使うものではないから、一トンというのは大変な量でしょう。それをなめ尽くすには、長い長い時間がかかる。まあ、言ってみれば、気が遠くなるほど長いこと付き合っても、人間はなかなか理解し尽くせないものだ、そういうことではないかしら」

①他愛のないうわさ話の最中に姑が［Y］こんな例えを持ち出したものだから、新婚の日々をうわの空で暮らしていた私たちに「人生って、そんな生易しいものじゃないんだよ」と、やんわり②釘をさしたのかと、そのときはひやりとしたが、月日が経つにつれて、彼女がこの例えを、折に触れ、［C］アビミョウに、ニュアンスをずらして用いていることに気付いた。「塩を一緒になめる」というのが「苦労をともにする」という意味で「塩」が強調されることもあり、初めて聞いたときのように③「一トンの」という塩の量が例えのポイントになることもあった。

イタリアの作家ガルヴィーノは「古典とは、その本について、あまりにも多くの人から聞いたので、すっかり知っているつもりになっていながら、いざ自分で読んでみると、これこそは新しい、予想を上回る、［D］誰も書いたことのない作品と思える、そんな書物のことだ」と書いている。この場合、相手は書物で、人間ではないのだから、「塩を一緒になめる」というのもちょっとおかしいのだが、イスミからすみまで理解し尽くすことの難しさにおいてなら、人間どうしの関係に似ているかもしれない。読むたびに、それまで気が付かなかった新しい面が本にはウカクされていて、エシンセンな驚きに出会い続ける。（中略）年月のうちに読み手が変化することで、子供のときにはケンカしたり相手に無関心だったりしたのに、大人になってから深い親しみを持つようになる。一トンの塩をなめるうちに、かけがえのない友人になるのだろう…。

（須賀敦子「塩一トンの読書」より　出題のため文章や語句に変更がなされています）

問1　傍線部**ア**〜**エ**のカタカナを漢字になおしなさい。

問2　本文中の空欄A〜Dを補うのに適切な語句を次の中から選び記号で答えなさい。

ア　ときには　　イ　いきなり

ウ　かつて　　エ　少なくとも

問3　本文中の空欄Xを補うのに適切な語句を次の中から選び記号で答えなさい。

ア　浮かない顔をした　　イ　きょとんとした

ウ　しょんぼりした　　エ　鋭い目つきをした

問4　本文中の空欄Yを補うのに適切な語句を次の中から選び記号で答えなさい。

ア　大笑いをしながら　　イ　眠そうにして

ウ　からかうようにして　　エ　真面目な顔をして

問5　傍線部①と同様の意味を持つ語句を本文中から十文字以上十五文字以内で抜き出して答えなさい。

問6　傍線部②の意味の説明として適切なものを次の中から選び記号で答えなさい。

ア　相手の行動を予測して忠告しておくこと

イ　波風に耐えられるように固定すること

ウ　離ればなれにならないように密着すること

エ　今後が見通せるようにしておくこと

問7　傍線部③について、これが表現しようとしている内容を次のように説明するとき、空欄を補うのに適切な語句を本文中から十文字で抜き出して答えなさい。

【説明】一人の人間を理解するためには［(十文字)］ということ。

問8　「私」は、相手を理解し、相手に親しみを持つために、どのようなことが必要だと思ったか。本文中の語句を用いて四十文字以内で説明しなさい。

二

次の文章は長嶋有の小説「猛スピードで母は」の一節である。小学六年生の慎は、母親から、今は外国にいる男性と再婚を前提に交際していることを聞かされていた。学校行事が嫌いでほとんど観に来ることのない慎の母親は、クラス担任の先生から、公民館で行われるクラスの合奏会に来るように言われていた。これを読んで、あとの問いに答えなさい。

母は開始時間にまた遅れた。ホールの後部ドアを開けて入ってきたとき、慎の学年の演奏はちょうど中盤に差しかかっていた。母は知らない男性と一緒に入ってきたが、たまたま同じタイミングで入った誰かの父兄だろうなどと慎は思った。慎は口に(ア)タテブエをくわえながら上目づかいにみた。母と男が暗い通路を歩いて一番後ろの客席に並んで腰掛けても、まだあの人は誰のお父さんだろうなどとぼんやり考えていた。

それがあの「外国にいる男」だった。公民館の駐車場で(イ)ショウカイされた。

「いい演奏だったね」というのが男の第一声だった。

「(注1)後生だから『翼をください』じゃありませんようにと念じていたら『コンドルは飛んでゆく』だったから、飛ぶけど鳥だしまあいいかと思った」というのが帰りの車の中で漏らした母の感想だった。(中略)

陽光が正面から差し込むようになると①男は運転席のバイザーを倒した。挟まれていた紙片が落ちてきた。いつかみた写真だ。男は左手でそれを取って「あぁ、あのときの」となつかしそうに笑った。

男は慎一と名乗った。

「慎君と同じ慎の字に、一」慎一はそういうと箱をくれた。あけると外国製の木の兵隊のセットだった。銃をかついだ(注2)バッキンガムの兵隊が十五体。柵と木と犬もある。母はそれを「あんたはどうせなくすから」といって自分の寝室の本棚の文庫本の手前に飾ってしまった。慎君にあげたんだよ、と②慎一が笑いながら(ウ)コウギした。

「仕方ないから、これあげる」というと、手帳を開いて挟まれていた切手をくれた。I LOVE YOUという文字が六列並んだデザインだ。

「アメリカのバレンタインの切手。消印がどのように押されてもこれだけ書いてあれば必ずアイラブユーの文字が残るんだ」慎は水をすくうように手を丸めてそれを受け取った。半年かけてアメリカを横断して最後はイギリスにもいったという。

慎一がトイレにいくとテーブルの向こうの母は少し嬉しそうに「どう?」と小声でいった。いいと思いますよ、という去年の靴屋の店員の言葉を思い出した。慎は仕方なくうん、とだけいった。

「慎君は将来なにになりたいんだ」慎一は整った顔立ちに似あわない(A)威厳のある尋ね方をした。

「漫画家」いってはみたが、本当にそうなのか自分でもよく分からない。漫画を読むのが好きなことはたしかだ。お年玉はすべて漫画に注ぎ込んだ。母は子供だましのおもちゃには否定的だが漫画にはうるさくなかった。布団に入ってうとうとしているところに母が現れて、漫画を借りていくことがあった。自分の買った漫画が翌朝褒(ほ)められると、自分が作者であるかのように嬉しくなった。

「③漫画家か。いいね」うん、うんと居間で慎一はやたら感心している。母は台所に向かっていたが振り向いて、B所在なく立つ慎をみて笑った。晩御飯を一緒に食べてから母は慎一を車で送っていった。帰ってくると母は「緊張した?」と尋ねてきた。慎が首をふると、「そう」じゃあもう寝なさい、といつになく優しい声でいった。

その翌朝、母は突然思い出したように「④あんた漫画家になりたいんだ」といった。

「私も漫画家になりたかったんだ」そういうと自分の部屋から布に包んだものを持ってきた。テーブルの空いたところに布を広げると、(注3)ペン軸やインクボトルや定規が出てきた。ところどころ穴の空いた変な形の板には見覚えがある。慎が触れると「(注4)雲形定規(くもがた)」と母はいった。それから順番に「(注5)烏口(からすぐち)に、丸ペンGペンカブラペン」と調子をつけるように他の道具の名前を教えてくれた。

「なんで、ならなかったの漫画家」

「反対されたからさ」

「誰に」愚問(ぐもん)だった。

「私が反対を押し切ってまでしたのは、結婚してあんたを産んだことだけだ」といった。

なんと応じていいか困ったが、母は気にせずパンをかじった。

「⑤あんたはなんでもやりな。私はなにも反対しないから」そういうとパンを皿に置いて、両手を大きく広げてみせた。

「若いときは、こんなふうに可能性がね。右にいってもいい、左にいってもいいって、広がってるんだ」母はだんだん両手のエカンカクを狭めながら

「それが、こんなふうにどんどん狭まってくる」とつづけた。

「なんで」

「なんでも」母はそういうと両手の平をあわせてみせた。母が珍しく口にした教訓めいた物言いよりも、その手を広げた動作の方が印象に残った。

⑥慎は初めて名前を知った雲形定規をもう一度手に取り、天井を覗(のぞ)いてみた。

(長嶋有「猛スピードで母は」文春文庫刊)

(注) 1 後生――ここでは「お願いだから」の意味。
2 バッキンガム――ロンドンにある、英国王室の宮殿(きゅうでん)。
3 ペン軸――ペン先につける軸のこと。
4 雲形定規――曲線をかくための定規。
5 烏口に、丸ペンGペンカブラペン――すべて漫画をかくためのペン。

問1 傍線部**ア**~**エ**のカタカナを漢字になおしなさい。

問2 傍線部A・Bの本文中における意味として適切なものを次の中からそれぞれ一つずつ選び記号で答えなさい。

A「威厳のある」
ア　威張った　イ　堂々とした
ウ　偉そうな　エ　乱暴な

B「所在なく」
ア　困り果てた様子で　イ　ひどく驚いた様子で
ウ　手持ちぶさたな様子で　エ　不思議そうな様子で

問3　傍線部①「男」から傍線部②「慎一」へと、同じ人物に対する呼び方が変化しているのはなぜだと考えられるか。その理由を説明した次の文の空欄に補う言葉を考えて五文字以内で答えなさい。

【男性に対する（五文字以内）が変化したから。】

問4　傍線部③・傍線部④とあるが、ここでの慎一と母の説明として適切なものを次の中からそれぞれ一つずつ選び記号で答えなさい。
ア　慎の本心を確かめようとしている。
イ　昔の夢と重ね、しみじみとしている。
ウ　非現実的な夢を否定的にとらえている。
エ　慎の言葉を表面的に受けとめている。
オ　納得はしないが、一応賛同している。
カ　親愛の情を込めて深く共感している。

問5　傍線部⑤と言ったときの母の気持ちを説明したものとして適切なものを次の中から選び記号で答えなさい。
ア　普段から母親らしいことをほとんど出来ていない上に合奏会にも遅刻したことを後ろめたく思う気持ち。
イ　親の反対を押し切ってまで産んだ自分の息子なので、好きなように自由な人生を送ってほしいと願う気持ち。
ウ　自分は親に反対されようと無理やり結婚したのだから、息子にも意志を強く持ってほしいと期待する気持ち。
エ　かつて自分が反対されたことを思い返し、若いときだけの大きく広がる可能性をもつ息子を応援する気持ち。
オ　息子が慎一と緊張せず対面できていたことに成長を実感し、これからは何でもできそうだと安心する気持ち。

問6　傍線部⑥とあるが、ここでの慎の説明として適切なものを次の中から選び記号で答えなさい。
ア　昨日は言ってみたものの、ぼんやりとしていた夢や将来を、しっかり見定めようとしている。
イ　母に聞かされた言葉をもう一度心のなかでくり返してよく理解し、肝に銘じようとしている。
ウ　道具の名を知っていた母の情熱を知り、自分の夢への思いの強さを母と比べようとしている。
エ　母の夢と自分の夢が同じだと知り、母の期待に応えるために、決意を固めようとしている。
オ　知らずに使っていた道具にも名前があるのだと知って、大げさに感動して見せている。

三 次の文章を読んで、後の問いに答えなさい。

　ある男、二人の妻を持ちけり。ひとりは年長(た)け、一人は若し。ある時、この男、年長けたる女のもとに行く時、その女①申しけるは、我、年長け齢(よはひ)衰えて、若き男に語らふなどと、人の嘲(あざけ)るべきも、恥づかしければ、※御辺(ごへん)の※鬢(びん)・鬚(ひげ)黒きを抜いて、白髪ばかりを残すべしとて、たちまち黒を抜いて、白きを残せり。この男、あな憂(う)しと思へども、恩愛にほだされて、痛きをもかへりみず、抜かれ②にけり。

　また、ある時、若き女のもとに行きけるに、この女申しけるは、「③我、盛んなる者の身として、④御辺のやうに白髪とならせ給ふ人を、夫(つま)と語らひけるに、世に男なきかなどと、人の笑はんも恥づかしければ、御辺の鬢・鬚の白きを抜かん」とて、これをことごとく抜き捨つる。

　されば、この男、あなたに候へば抜かれ、こなたにては抜かれて、あげくには、鬢・鬚ともに無ふてぞゐたりける。そのごとく、※君子たらん者、二人の機嫌を計らふは、苦しみつねに深きものなり。⑤ゆゑに、ことわざにいはく、「二人の君に仕(つか)へがたし」とや。

（『伊曽保物語』による）

（注）
御辺…あなた。
鬢…頭の両側の、耳の上あたりの髪。
君子…徳の高い立派な人物。

問1　傍線部⑤を現代かなづかいになおしなさい。

問2　傍線部①とあるが、会話の内容はどこからどこまでか、初めと終わりの五文字を答えなさい。

問3　傍線部②の助動詞の意味を次の中から選び記号で答えなさい。

ア　受身　　イ　自発　　ウ　可能　　エ　尊敬

問4　傍線部③・④は、それぞれ誰をさしているか、本文中から三文字で抜き出しなさい。

問5　作者の感想が書かれている連続する二文をさがし、初めの五文字を答えなさい。

問6　本文の内容と合っているものを次の中から選び記号で答えなさい。

ア　男は年長けたる女の家に行き、白髪をすべて抜かれてしまった。
イ　若い女は、男に若者らしい服装をするように提案した。
ウ　年長けたる女は、若い男と交際していることに引け目を感じていた。
エ　男は二人の妻を持っていたが、正反対の性格であった。

四　次の各問いに答えなさい。

問１　次の（１）～（３）の人物が書いた作品をア～オの中からそれぞれ一つ選び記号で答えなさい。

（１）宮沢賢治　（２）俵万智　（３）小松左京

ア　歌うクジラ　　イ　チョコレート革命

ウ　グスコーブドリの伝記　　エ　日本沈没

オ　博士の愛した数式

問２　次の（１）～（３）の慣用句の意味をア～オの中からそれぞれ一つ選び記号で答えなさい。

（１）首が回らない（２）甘い汁を吸う（３）腑に落ちない

ア　借金があって身動きがとれない。

イ　納得がいかない。

ウ　とてもかなわない。

エ　大胆である。

オ　苦労せずに利益だけを得る。

問３　次の（１）～（４）の熟語の構成の説明として適切なものをア～エの中からそれぞれ一つ選び記号で答えなさい。

（１）墜落　（２）公営　（３）盛衰　（４）佳作

ア　同様の意味の漢字を組み合わせている。

イ　反対の意味の漢字を組み合わせている。

ウ　修飾・被修飾の関係になっている。

エ　主語と述語の関係になっている。

問４　次の（１）～（３）の傍線部のカタカナに当てはまる熟語をア～ウの中からそれぞれ一つ選び記号で答えなさい。

（１）シュウカン誌が発売されるのが待ちきれない。

ア　習慣　　イ　週間　　ウ　週刊

（２）環境問題にカンシンがある。

ア　歓心　　イ　関心　　ウ　感心

（３）大雨が降りハイスイ溝の水があふれている。

ア　廃水　　イ　配水　　ウ　排水

問５　次の（１）～（３）の傍線部の読みを平仮名で答えなさい。

（１）エーミールは手ひどい批評家だ。

（２）難民を救済するための支援に尽力する。

（３）職人ならではの熟練の技がひかる。

問６　次の（１）～（３）の傍線部のカタカナを漢字になおしなさい。

（１）私の兄はユウビン局に勤めている。

（２）アルコールはジョウハツしやすい液体だ。

（３）毎日の勉強が実を結びセイセキが上がった。

2022(R4) 鵬翔高
K 教英出版

令和４年度
鵬翔高等学校入学試験問題

数　学

第２時限（10時00分～10時45分）

時間45分

（注　意）

1.「始め」の合図があるまで、このページ以外のところを見てはいけません。

2. 問題用紙は表紙を除いて10ページ、問題は6題です。

3.「始め」の合図があったら、まず解答用紙に**志望学科・コース・受験番号・氏名**を記入し、次に問題用紙のページ数を調べ、不備があれば申し出てください。

4. 答えは必ず解答用紙の指定欄に記入してください。

5.「やめ」の合図があったら、すぐ鉛筆を置き、解答用紙だけを裏返しにして机の上に置いてください。

数学 1

1 次の各問いに答えなさい。

(1) $7+(-5)\times 2$ を計算しなさい。

(2) $8a^2b\div(-2a)\times\frac{b}{2}$ を計算しなさい。

(3) $(\sqrt{12}+\sqrt{24})\div\sqrt{3}$ を計算しなさい。

(4) $\frac{7x-3}{6}-\frac{x-1}{3}$ を計算しなさい。

(5) 2 次方程式 $2x^2-x-2=0$ を解きなさい。

数学 2

2 次の各問いに答えなさい。

(1) 立方体の展開図として不適当なものを図①～図⑤の中から1つ選び，番号で答えなさい。

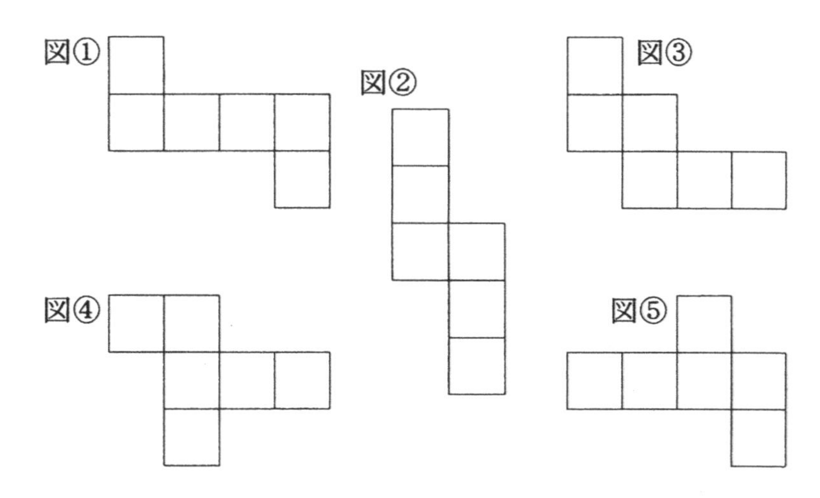

(2) $\sqrt{24n}$ が自然数となるような，最も小さい自然数 n の値を求めなさい。

(3) x に3を加えた数と，y から2を引いた数は，反比例の関係になっており，その比例定数は12である。$x=3$ のときの y の値を求めなさい。

(4) 関数 $y=-x^2$ について，x の変域が $-3 \leqq x \leqq 1$ のとき，y の変域を求めなさい。

(5) a を5で割ったら，商が b で余りが3であった。b を a を用いた式で表しなさい。

問題は次ページに続く

3 中心が点Oである円Oの周上の点Aを1つの頂点とし，すべての頂点が円Oの周上にある正六角形ABCDEFについて，次の各問いに答えなさい。必要に応じて 参考 を活用してよい。

参考 1つの鋭角が45°と60°の直角三角形の3辺の長さの比は次のとおりである。

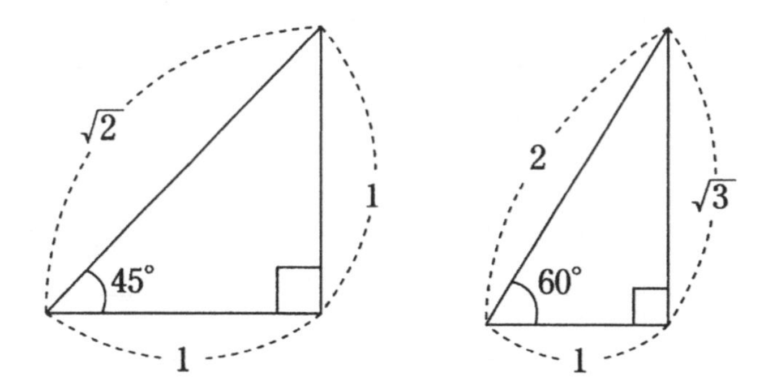

(1) 正六角形ABCDEFを作図しなさい。ただし，作図に用いた線は消さずに残しておくこと。

(2) ∠ABCの大きさを求めなさい。

(3) 円Oの半径が2cmのとき，ADの長さを求めなさい。

(4) 円Oの半径が2cmのとき，ACの長さを求めなさい。

(5) 円Oの半径が2cmのとき，直線ADを軸にして正六角形ABCDEFを回転してできる立体の体積を求めなさい。ただし，円周率はπを用いること。

計　　算　　欄

問題は次ページに続く

4 ある中学校の3年1組で，10月1日から12月31日までの3か月間で読んだ本の冊数についての調査を行った。1組の調査結果は下の表のようになった。

【1組の調査結果】

冊数(冊)	0	1	2	3	4	5	6	7	8	9	10	合計
人数(人)	5	5	7	2	a	2	b	1	2	1	1	35

ただし，調査した日は1組のAさんが欠席していたため，上の表はAさんを除く35人の調査結果である。Aさん以外の1組の生徒が読んだ本の冊数の合計は119冊であった。また，表のa，bは0以上の整数とする。次の各問いに答えなさい。

(1) $a+b$の値を求めなさい。

(2) aの値とbの値をそれぞれ求めなさい。

(3) 上の表をもとに，1組の調査結果に対する平均値および四分位数を求めなさい。

(4) 欠席していたAさんについて，後日，読んだ冊数の調査をした。Aさんも含めた36人のデータで計算すると，上の表のデータと比べて読んだ冊数の平均値が0.1冊だけ増加した。Aさんが読んだ冊数は何冊か求めなさい。

計　算　欄

問題は次ページに続く

5 右の図のように，放物線 $y=\frac{1}{2}x^2$ と直線 ℓ との交点をA，Bとする。Aの x 座標を -2，Bの x 座標を6とするとき，次の各問いに答えなさい。

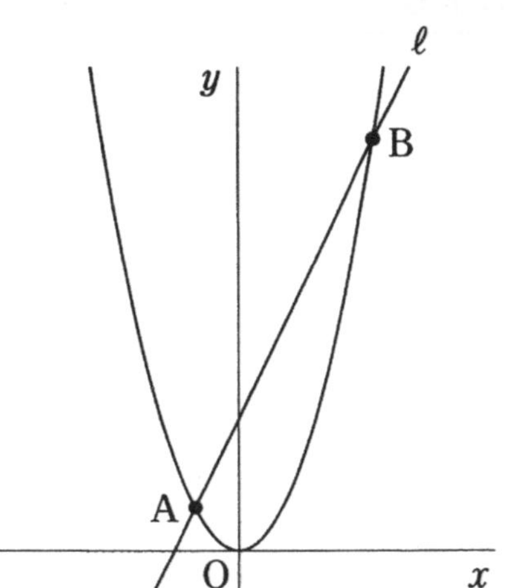

(1) 点Bの座標を求めなさい。

(2) 直線 ℓ の式を求めなさい。

(3) △AOBの面積を求めなさい。

(4) 点Oを通り，△AOBの面積を2等分する直線の式を求めなさい。

(5) △APBの面積が△AOBの面積の3倍になるように点Pを x 軸上にとるとき，点Pの座標を求めなさい。ただし，点Pの x 座標は正とする。

計　算　欄

問題は次ページに続く

6 立方体のサイコロを用意した。このサイコロの各面には１から６の数字が書かれている。このサイコロを投げて，出た目に従って点Ｐは数直線上を動く。動き方については下記のルールの通りである。

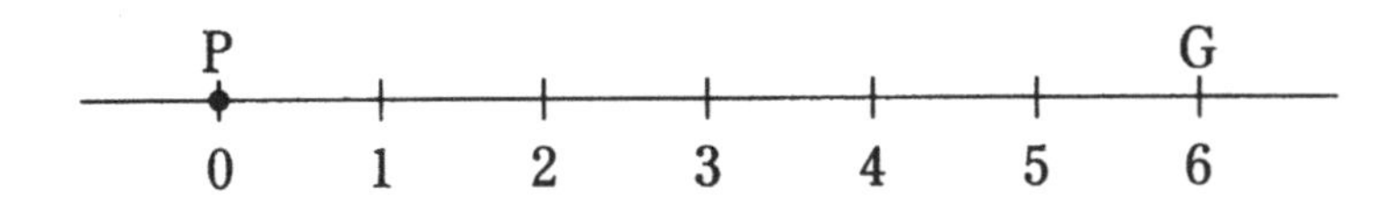

【ルール】
サイコロを投げて出た目の数を a とするとき
①はじめ，点Ｐは原点にある。
② a が６の約数であるとき，点Ｐは数直線上を右へ $\frac{6}{a}$ 進み，それ以外の数であるときにはその場に留まる。
③点Ｐはサイコロを投げる操作ごとに移動または留まることを繰り返す。
④点Ｐは前回のサイコロの出た目に従って移動した点の場所から，次のサイコロの出た目に従って移動をする。
⑤座標が６である点Ｇにちょうどたどり着くことをゴールとよび，それ以降はサイコロを投げない。

(1) １回の操作でゴールする確率を求めなさい。

(2) ２回の操作でゴールするような点Ｐの移動の仕方は全部で何通りあるか答えなさい。

(3) １回も同じ場所に留まることなくゴールするような点Ｐの移動の仕方は全部で何通りあるか答えなさい。

計　算　欄

2022(R4) 鵬翔高
教英出版

令和４年度

鵬翔高等学校入学試験問題

第３時限（11時00分～11時45分）

時間45分

（注　意）

1．「始め」の合図があるまで、このページ以外のところを見てはいけません。

2．問題用紙は表紙を除いて13ページ、問題は４題です。

3．「始め」の合図があったら、まず解答用紙に**志望学科・コース・受験番号・氏名**を記入し、次に問題用紙のページ数を調べ、不備があれば申し出てください。

4．答えは必ず解答用紙の指定欄に記入してください。

5．「やめ」の合図があったら、すぐ鉛筆を置き、解答用紙だけを裏返しにして机の上に置いてください。

1　次のⅠ（世界の地理）、Ⅱ（日本の地理）の各問いに答えなさい。

Ⅰ（世界の地理）

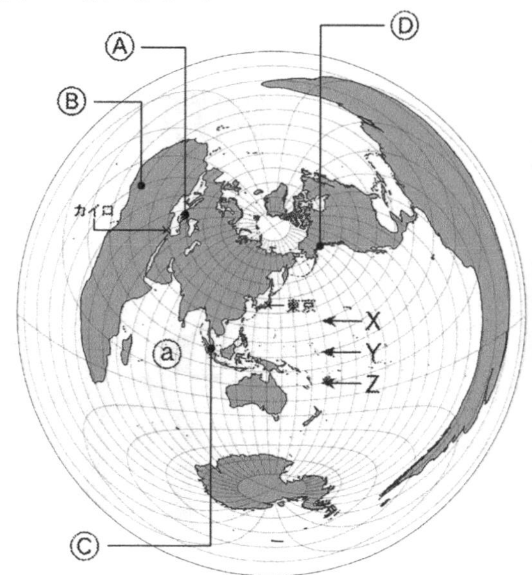

問１　地図中の緯線Ｘ～Ｚの中から、赤道を示しているものを選び、記号で答えよ。

問２　東京から見たカイロの方角を、下の（ア）～（エ）から１つ選び、記号で答えよ。

（ア）北東　（イ）北西
（ウ）南東　（エ）南西

問３　地図中のⓐの海洋名を答えよ。

問４　次の写真は、地図中Ⓐ～Ⓓの地域でみられる家屋である。Ⓒでみられる家屋を、下の（ア）～（エ）から１つ選び、記号で答えよ。

問５　オーストラリアとニュージーランドの国旗には、共通して「ある国の国旗」が取り入れられている。その国を、下の（ア）～（エ）から１つ選び、記号で答えよ。

（ア）フランス　（イ）アメリカ　（ウ）イギリス　（エ）ポルトガル

社会２

Ⅱ（日本の地理）

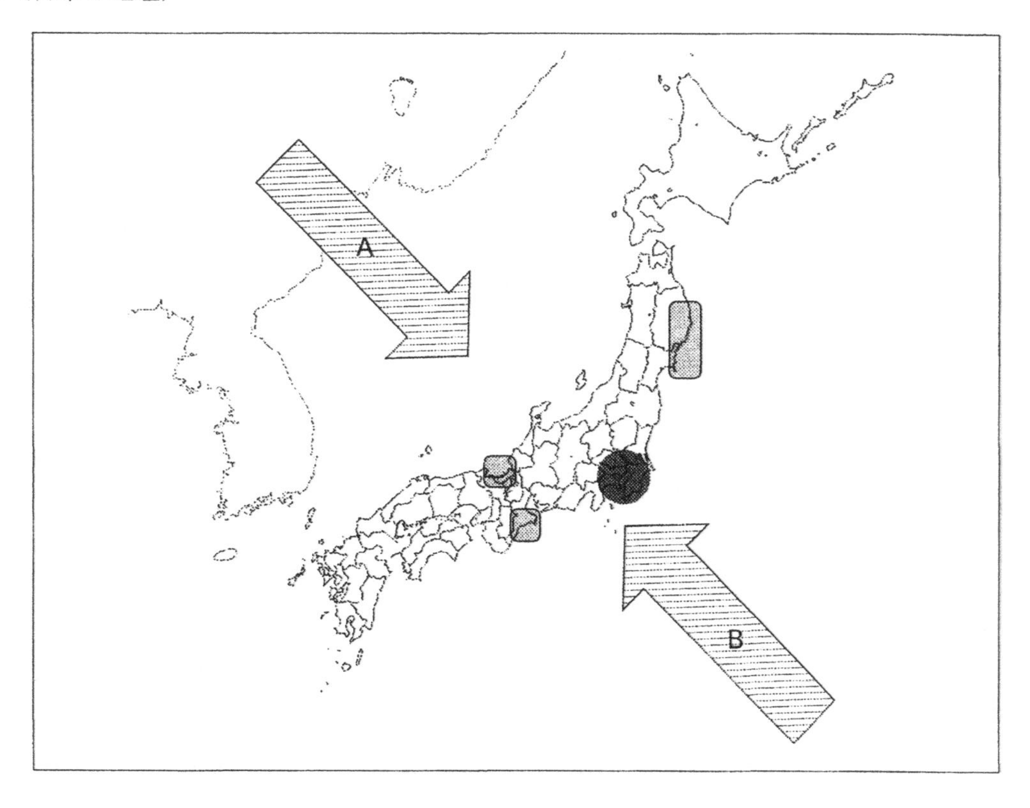

問６　地図中の［　　］色で示した３つの海岸で共通して見られる海岸地形の名称を、下の（ア）～（エ）から１つ選び、記号で答えよ。

（ア）フィヨルド　（イ）砂丘　（ウ）リアス海岸　（エ）カルスト地形

問７　次の文は、地図中の●の地域について述べたものである。（　Ｘ　）にあてはまる語句を答えよ。

関東平野の広い範囲をおおっている（　Ｘ　）は、富士山や浅間山などの噴火により火山灰が堆積してできた赤土の地層です。また、（　Ｘ　）がみられる台地は畑作や住宅、工場用地として利用されています。

問８　地図中の矢印は、季節風の風向きを表している。冬の季節風の向きを、Ａ・Ｂから選び、記号で答えよ。

問９　日本は、周辺諸国との領土をめぐる問題を抱えている。その組み合わせとして正しいものを、下の（ア）～（エ）から１つ選び、記号で答えよ。

（ア）領土：竹　島、国名：中　国　　（イ）領土：竹　島、国名：ロシア
（ウ）領土：北方領土、国名：ロシア　　（エ）領土：北方領土、国名：中　国

問10　次の文は、右の写真の島について説明したものである。（　１　）にあてはまる島の名前を答えよ。また、（　２　）にあてはまる語句を、下の（ア）～（エ）から１つ選び、記号で答えよ。

（　１　）は、波の侵食から守るために、日本政府は300億円もかけて護岸工事を行いました。この島が無くなってしまうと、日本は約40万km²もの（　２　）を失ってしまいます。（　２　）は、領海の外側で沿岸から200海里以内までの海域です。現在、この海域で取れた魚などの水産資源や、石油や天然ガスなどの鉱産資源について日本が専有しています。

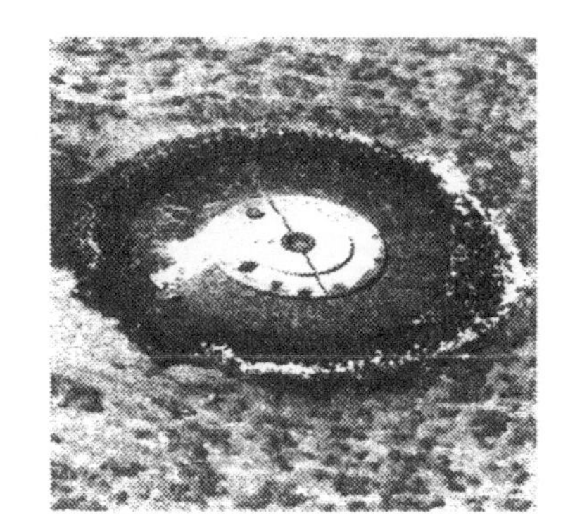

（ア）公海　　（イ）接続水域　　（ウ）領土　　（エ）排他的経済水域

問11　右の写真は、宮崎県の観光地「鬼の洗濯板」とよばれ、波の侵食によってつくられた特徴的な地形である。この「鬼の洗濯板」が見られる場所を、下の（ア）～（エ）から１つ選び、記号で答えよ。

（ア）門川　　（イ）青島
（ウ）北浦　　（エ）串間

社会 4

2 次の年表を見て、各問いに答えなさい。

年代	外国の文化思想・情報・技術の日本への流入と影響
約４万年前	大陸から日本へ人々が移り住み、（　　1　　）石器をつけた槍で動物をとらえて生活するようになった。
紀元前４世紀ごろ	朝鮮半島から移り住んだ人々によって、①稲作が伝えられた。
５世紀～６世紀	朝鮮半島から日本に一族で移り住む渡来人が増え、彼らの知識・技術によって②大和政権の全国支配が進み、生活様式も向上した。
７世紀～９世紀	遣唐使が派遣され、大陸の高度な文化が伝えられ、（　　2　　）国家を支えた。【※（　　2　　）とは、当時の法律名】
12世紀半ば	③宋から銅銭が大量に輸入されるようになった。
15世紀～16世紀半ば	日明貿易が盛んに行われたため、④室町時代には大陸の影響を受けた文化が生み出された。
16世紀末	（　　3　　）が朝鮮に二度大軍を送ったが、（　　3　　）の死をきっかけに全軍が引き上げた。その際、⑤出兵した一部の大名は、朝鮮の陶工を連れ帰り、自国で陶磁器を作らせ特産物にした。
17世紀半ば～19世紀半ば	オランダ商館長はオランダ船の入港ごとに、⑥世界の情勢を幕府へ報告した。
19世紀後半	明治政府は、⑦欧米から先進技術を導入し工業の発展をはかった。また、中江兆民が（　　4　　）の「社会契約論」を翻訳し、自由民権運動に大きな影響を与えた。
20世紀初め	⑧第一次世界大戦後の「民主主義の拡大」の風潮が、日本の政治に大きな影響を与えた。
21世紀	世界の一体化が急速に進み、生活を豊かにする資源・食料・⑨情報・文化を外国から入手しやすくなった一方で、国際紛争・感染症などの負の影響も受けやすくなった。

社会６

問１　年表中の（　　１　　）～（　　４　　）に適する語句をそれぞれ答えよ。

問２　年表中の下線部①について、稲作が盛んになると多くの人々を従える小国の王が各地に現れた。下の史料の（　　　　　）に適する語句を答えよ。

> 建武中元２年に倭の（　　　　　　）国の使節が後漢に朝貢したので、光武帝はこの国の王へ印綬を与えた。

問３　年表中の下線部②について、中国の南朝に朝貢した「ワカタケル大王」は、中国の王より何と呼ばれたか。下の（ア）～（オ）から１つ選び、記号で答えよ。

（ア）讃　（イ）珍　（ウ）済　（エ）興　（オ）武

問４　下線部③に関連した下の文の（　　　　　）に適する語句を答えよ。

> 鎌倉時代には交通の便利なところで（　　　　　　）が開かれ、取引で米・絹にかわって、宋銭が用いられるようになった。

問５　年表中の下線部④について、下の文の（　　　　　）に適する語句を答えよ。

> 禅宗の僧である（　　　　　　）は、明にわたって水墨画を学び、帰国後は日本の風景をえがいた優れた作品を残した。

問６　年表中の下線部⑤について、江戸時代にヨーロッパに輸出され、日本を代表する焼き物となったのは何焼か。下の（ア）～（エ）から１つ選び、記号で答えよ。

（ア）備前焼　（イ）瀬戸焼　（ウ）京焼　（エ）有田焼

問７　下線部⑥について、下の文の（　　あ　　）・（　　い　　）に適する語句をそれぞれ答えよ。

1789年にフランス革命が起こり、国民議会により「人間としての自由・法と権利における（　　あ　　）・国民主権・財産権など」を唱える（　　い　　）が発表された。

問８　下線部⑦について、フランスから技師や機械を導入してつくられた生糸生産のための官営模範工場の名称を答えよ。

問９　下線部⑧について、加藤高明内閣は1925年にどのような法律を成立させたか。下の（ア）～（エ）から１つ選び、記号で答えよ。

（ア）国家総動員法　（イ）公害対策基本法　（ウ）普通選挙法　（エ）工場法

問10　下線部⑨について、世界中の情報や文化を瞬時に手に入れるシステムを何というか。下の説明文を参考にして**カタカナ７字**で答えよ。

複数のコンピュータを相互に接続した地球規模の情報通信網

K 教英出版

社会 8

3 次のⅠ（政治）・Ⅱ（経済）について、各問いに答えなさい。

Ⅰ（政治）

日本国憲法は国民主権原則を定めているが、直接民主制は不可能なので、（　　A　　）民主制を採用し、①国会を「全国民を代表する選挙された議員で組織する」（第 43 条第 1 項）機関と定めた。そして第 41 条には、国会は「国権の（　　B　　）機関」であると位置づけている。また、権力が集中して巨大になると私たちの自由が脅かされる可能性があるため権力機関を分割し、抑制と均衡をはかる工夫がされている。（　　C　　）権は国会に、行政権は（　　D　　）に、司法権は（　　E　　）にそれぞれおかれている。

国会は衆議院と（　　F　　）の二院で構成され、原則として両院の意思が合致したときに国会の意思になる。ただし、いくつかの点においては②衆議院の優越が定められている。

問 1　文中の（　　A　　）～（　　F　　）に適する語句をそれぞれ答えよ。

問 2　文中の下線部①について、国会の権限として適当なものを、下の（ア）～（エ）から 1 つ選び、記号で答えよ。

（ア）最高裁判所長官の指名　　（イ）法律の制定
（ウ）天皇の国事行為に対して助言と承認　　（エ）条約の締結

問 3　文中の下線部②について、衆議院にのみ認められている権限は何か。下の（ア）～（オ）から 1 つ選び、記号で答えよ。

（ア）法律の制定　　（イ）予算の議決　　（ウ）条約の承認
（エ）内閣総理大臣の指名　　（オ）内閣不信任の決議

Ⅱ（経済）

問4　次の文の（　ア　）・（　イ　）に適する語句を答えよ。

金融には住宅ローンを組むときなどの（　ア　）金融と、株式や債権などを発行して資金を調達する（　イ　）金融がある。

問5　次の文の（　1　）・（　2　）に適する語句を、下の（ア）～（エ）からそれぞれ選び、記号で答えよ。

違う単位のお金を使う国同士が貿易をする場合、通貨を交換することが必要になる。日本からアメリカへの輸出が好調になると、ドルで受け取った代金を（　1　）を通じて円に交換することが多くなり、円の需要が高まり（　2　）になる傾向がある。また、他の国より金利が高くなったり、日本の株価が上がったりすることも（　2　）の要因になる。その理由は、日本の金利や株価が上がると、資金を日本で運用する方が利益を多く見込めるからである。

（ア）外国為替市場　（イ）中央銀行　（ウ）円安　（エ）円高

社会 11

4 次の表は、2024年から新しい紙幣の肖像画になる3人（渋沢栄一・津田梅子・北里柴三郎）の略歴をまとめたものです。これを見て、各問いに答えなさい。

西暦	3人の主な出来事	日本と世界の動き
1840	渋沢・埼玉県深谷市血洗村に誕生。	①アヘン戦争
1853	北里・肥後国北里村に誕生。	
1864	渋沢・一橋慶喜に仕える。	
	津田・南御徒町（現・東京都新宿区南町）に幕臣の娘として誕生。	
1867	渋沢・慶喜、征夷大将軍就任（栄一は幕臣となる）。	大政奉還、王政復古
	徳川昭武に随行（パリ万博使節団）。	
1868	渋沢・帰国。静岡で慶喜に面会。	②戊辰戦争（1868～69）
1869	渋沢・静岡藩に「商法会所」設立。明治政府に仕える。	東京・横浜間に電信開通
1871	津田・③岩倉使節団に同行留学（最年少参加）。（1882年帰国）	
1873	渋沢・大蔵省を辞任。④第一国立銀行開業。	
1874	北里・東京医学校（後の東京大学医学部）入学。	
1876	渋沢・東京府養育院事務長就任。	
1882	渋沢・日本銀行営業開始。	
1883	渋沢・大阪紡績会社操業開始。	⑤鹿鳴館開館式
	北里・内務省衛生局に奉職。	
1884	渋沢・⑥日本鉄道会社創立。	
1885	渋沢・日本郵船会社創立。東京養育院院長就任。	⑦内閣制度制定
1886	北里・ドイツ留学。（コッホに師事）	
1887	渋沢・⑧札幌麦酒会社創立。	
1889	渋沢・東京石川島造船所創立。	大日本帝国憲法公布
	北里・世界初、血清療法発見。	
	津田・2度目の留学。（1892年帰国）	
1890	渋沢・貴族院議員に任ぜられる。	第一回帝国議会
1909	津田・⑨女子英学塾開校。	
1917	北里・⑩慶応義塾大学医学科創立に尽力。	
1926	渋沢・⑪日本放送協会創立・顧問就任。	
1929	津田梅子　没	世界恐慌はじまる
1931	北里柴三郎　没	満州事変
	渋沢栄一　没	
2024	⑫新10,000円札・新5,000円札・新1,000円札発行 （渋沢栄一）　（津田梅子）　（北里柴三郎）	

社会 12

問１　表中の下線部①について、この戦争により中国は、戦勝国から巨額の賠償金と植民地を奪われることとなった。この戦争の戦勝国はどこか。国名を答えよ。

問２　表中の下線部②について、この戦いは旧幕府軍と新政府軍との戦いであった。京都鳥羽伏見の戦いから始まり、江戸開城、東北地方での戦い、そして最後は北海道のどこで終ったか。地名を答えよ。

問３　表中の下線部③について、岩倉使節団は江戸幕府が結んだ「不平等条約」改正の予備交渉を目指していたが、全く相手にされなかった。その内、主に貿易に関する不平等な条約とは何か。条約名を答えよ。

問４　表中の下線部④について、この銀行は合併などを繰り返しながら、現在も、日本を代表する銀行として経営を続けている。その銀行とはどこか。下の（ア）～（オ）から１つ選び、記号で答えよ。

（ア）みずほ銀行　（イ）宮崎銀行　（ウ）鹿児島銀行
（エ）宮崎太陽銀行　（オ）西日本シティ銀行

問５　表中の下線部⑤について、この建物は当時の外務卿（外務大臣）が条約改正を有利に進めようとして、諸外国の外交官らを招待して舞踏会を行う施設として建設された。当時の外務卿（外務大臣）は誰か。下の（ア）～（オ）から１つ選び、記号で答えよ。

（ア）伊藤博文　（イ）井上馨　（ウ）大隈重信
（エ）小村寿太郎　（オ）幣原喜重郎

問６　表中の下線部⑥について、この企業は現在も日本全国に路線をもつ鉄道会社として存在している。その会社とは何か。**アルファベット２字**で答えよ。

問７　表中の下線部⑦について、初代内閣総理大臣は伊藤博文だが、第100代・101代内閣総理大臣に昨年就任した人物は誰か。下の（ア）～（カ）から１つ選び、記号で答えよ。

（ア）高市早苗　（イ）枝野幸男　（ウ）岸田文雄
（エ）野田聖子　（オ）河野太郎　（カ）安倍晋三

問8　表中の下線部⑧について、この企業は現在も総合飲料メーカーとして存在している。その企業名を、下の（ア）～（オ）から1つ選び、記号で答えよ。

（ア）KIRIN　（イ）SUNTORY　（ウ）ASAHI
（エ）SAPPORO　（オ）PEPSI

問9　表中の下線部⑨について、この学校は現在何という大学名になっているか。下の（ア）～（オ）から1つ選び、記号で答えよ。

（ア）津田塾大学　（イ）奈良女子大学　（ウ）日本女子大学
（エ）東京女子大学　（オ）京都女子大学

問10 表中の下線部⑩について、この学校を開学した人物は誰か。答えよ。

問11 表中の下線部⑪について、この放送局の略称を**アルファベット3字**で答えよ。

問12 表中の下線部⑫について、この3種類の紙幣を発行する機関はどこか。表中から抜き出し、答えよ。

2022(R4) 鵬翔高
K 教英出版

令和４年度

鵬翔高等学校入学試験問題

理　科

第４時限（12 時 30 分～ 13 時 15 分）

時間45分

（注　意）

1.「始め」の合図があるまで、このページ以外のところを見てはいけません。

2. 問題用紙は表紙を除いて８ページ、問題は４題です。

3.「始め」の合図があったら、まず解答用紙に**志望学科・コース・受験番号・氏名**を記入し、 次に問題用紙のページ数を調べ、不備があれば申し出てください。

4. 答えは必ず解答用紙の指定欄に記入してください。

5.「やめ」の合図があったら、すぐ鉛筆を置き、解答用紙だけを裏返しにして机の上に置いてください。

理科 1

1 電熱線の電圧と電流の関係を調べるために次の実験を行った。以下の各問いに答えなさい。ただし、電熱線以外の抵抗は考えないものとする。

〈実験1〉 **図1**に示した**電熱線a**または**電熱線b**と電源装置、スイッチ、電圧計、電流計を用いて加えた電圧と流れる電流を同時に測定する回路をつくり、それぞれの電熱線の電圧と電流の関係を調べた。**図2**は、それぞれの電熱線の測定結果を示したものである。

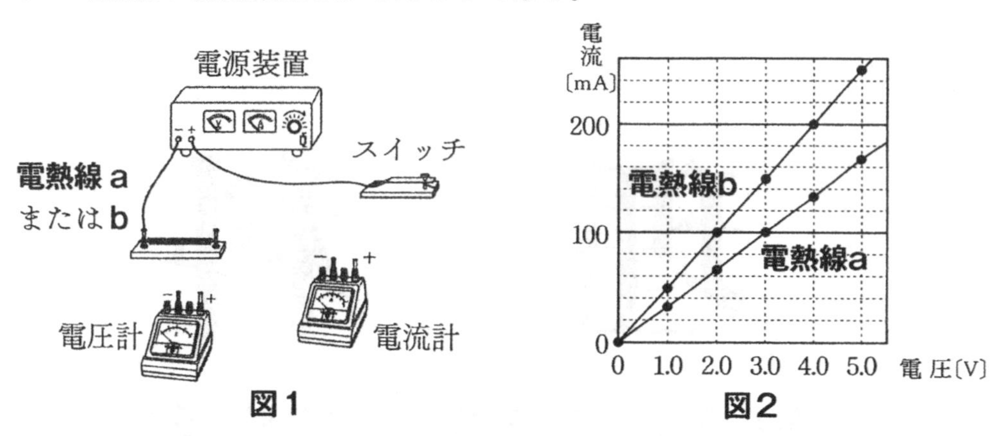

図1 **図2**

（1） **図1**の電流計と電圧計を導線で正しくつなぎ、**電熱線a**に加えた電圧と流れる電流の関係を測定するための回路を完成させよ。ただし解答は、解答用紙の図に記入せよ。

（2） 電熱線に流れる電流と電圧の間にはどのような関係が成り立つか。**図2**をもとに、簡潔に答えよ。

（3） **電熱線a**の抵抗の大きさは、**電熱線b**の抵抗の大きさの何倍か。**図2**より求めよ。

〈実験2〉 **図2**の**電熱線a**と**電熱線b**を用いて、**図3**、**図4**のような回路をつくり、電源装置の電圧を6.0Vにして電流を流した。

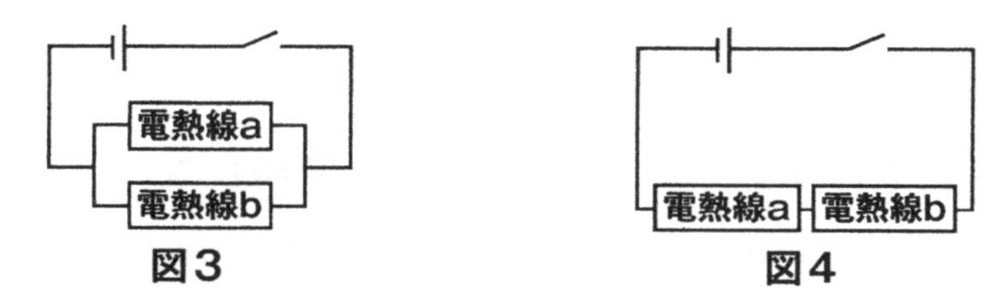

図3 **図4**

（4） **図3**の回路全体の電流の強さは何Aか。

（5） **図3**のときの**電熱線a、b**に流れる電流の強さはそれぞれ何Aか。

（6） **図3**のときの回路全体の電力の大きさは何Wか。

（7） **図4**のときの**電熱線a,b**にかかる電圧の大きさはそれぞれ何Vか。

理科 2

2 うすい塩酸と水酸化ナトリウム水溶液の性質を調べるために次の実験を行った。以下の**Ⅰ**・**Ⅱ**の各問いに答えなさい。

Ⅰ. pH 1 ～ 14 を測定できる pH 試験紙を使い**図 1** の装置で次の実験を行った。

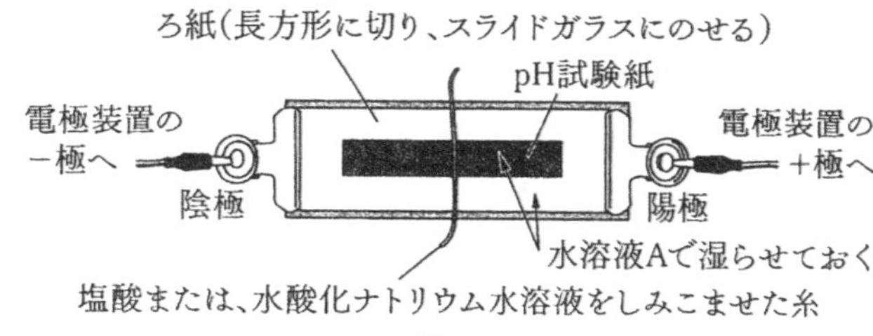

図 1

〈実験 1〉 電源装置のスイッチを入れる前に、pH 試験紙の中央にうすい塩酸または水酸化ナトリウム水溶液をしみ込ませた糸をおいて pH 試験紙のようすを観察した。

〈実験 2〉 電源装置のスイッチを入れ約 20 V の電圧を加えて電流を流し、pH 試験紙のようすを観察した。

〈結果〉 **実験 1** および**実験 2** の結果を**表 1** に示す。

表 1

	溶液を浸みこませた糸が触れている pH 試験紙のようす		おおよその pH
	実験 1	**実験 2**	
うすい塩酸	赤色	色の変化が (②)	③
水酸化ナトリウム水溶液	(①) 色	色の変化が陽極側に移動	④

(1) **表 1** の空欄①にあてはまる色として、最も適するものを次の (ア) ～ (ウ) より 1 つ選び、記号で答えよ。

(ア) 黄　　(イ) 青　　(ウ) 黒

(2) **表 1** の空欄②にあてはまる色の変化として、最も適するものを次の (ア) ～ (ウ) より 1 つ選び、記号で答えよ。

(ア) 陽極側に移動　　(イ) 陰極側に移動　　(ウ) 移動しない

(3) **表 1** の空欄③、④にあてはまる数字として、最も適するものを次の (ア) ～ (ウ) よりそれぞれ 1 つずつ選び、記号で答えよ。

(ア) 1　　(イ) 7　　(ウ) 13

Ⅱ． BTB溶液とマグネシウムリボンを用いて次の実験を行った。

〈実験３〉 試験管にうすい塩酸を入れ、BTB溶液を数滴加えると黄色を示した。さらにその試験管にマグネシウムリボンを入れて変化を観察した。

〈実験４〉 試験管にうすい塩酸を入れ、BTB溶液を数滴加え、次にその試験管に水酸化ナトリウム水溶液を少しずつ加えていき緑色から青色になったところで、マグネシウムリボンを入れて変化を観察した。

〈結果〉 **実験３**および**実験４**の結果を**表２**に示す。

表２

	実験３	**実験４**
試験管のようす	気体を発生しながら、マグネシウムリボンが溶けた。	気体を発生せず、マグネシウムリボンも溶けなかった。

（４） **実験２**では、電流を通しやすくするためにろ紙とpH試験紙を水溶液Aで湿らせる。水溶液Aとして適するものを次の（ア）～（エ）より２つ選び、記号で答えよ。

（ア）硝酸　　（イ）硝酸カリウム
（ウ）水酸化カリウム　　（エ）塩化ナトリウム

（５） **実験３**で気体の発生した反応を化学反応式で示せ。

（６） **実験３**で発生した気体の性質として適するものを、次の（ア）～（オ）より２つ選び、記号で答えよ。

（ア） 空気よりも軽い気体である。　（イ） 特有のにおいがある。
（ウ） 石灰水に通すと白く濁る。　（エ） 下方置換で集める。
（オ） 火のついた線香を近づけると、「ポン」と音を出して燃える。

（７） **実験１～実験４**から考えられる次の文について答えよ。ただし、文中の①～②には最も適するイオン式、③には適する語句を漢字で答えよ。

うすい塩酸は電離によって（①）を生じ、酸性を示し、水酸化ナトリウム水溶液は電離によって（②）を生じ、アルカリ性を示したと考えられる。また、**実験４**では酸性のうすい塩酸に水酸化ナトリウム水溶液を加えたことで水溶液の性質がアルカリ性になり、マグネシウムリボンが溶けなかったと考えられる。これはうすい塩酸から生じる（①）と水酸化ナトリウム水溶液から生じる（②）が反応し、（①）がなくなったためで、このような（①）と（②）の反応を（③）という。

3 次の文を読み、以下の各問いに答えなさい。

さとし君は、晴れた日の休日に登山をしました。登山の途中、近くの山を見ると、ある高さで雲が発生し、山の斜面に沿って山頂のほうへ動いている様子を見ることができました。山頂に到着して弁当を食べるとき、密封されたお菓子の袋が家で見た時よりも大きく膨らんでいることに気付きました。

後日、雲ができるしくみに興味をもったさとし君は、登山をした時のことを思い出しながら、雲のできるしくみについて仮説を立て、ペットボトルを使って仮説を確かめる実験を行い、雲のできるしくみについて考えをまとめました。

〈さとし君が考えた雲のできるしくみの仮説〉

山頂ではお菓子の袋が家で見た時よりも大きく膨らんでいたことから、空気は膨張すると温度が下がり、ⓧ空気中の水蒸気が水になることで雲ができる。

（1） さとし君が考えた雲のできるしくみの仮説について、各問いに答えよ。

① お菓子の袋が山頂で膨らんでいたことから、山頂の気圧は家の付近の気圧に比べどうなっているか。最も適するものを次の（a）～（c）より１つ選び、記号で答えよ。

（a） 気圧が高くなっている。　　（b） 気圧が低くなっている。
（c） 気圧の差はない。

② 下線部ⓧの空気中の水蒸気が水になるときの温度を何というか。漢字２文字で答えよ。

〈さとし君が仮説を確かめるために行った実験〉

〈操作１〉 **図**のように２本のペットボトルA、Bを用意し、空気がもれないようにゴム管でつなぎ、ペットボトルAには少量の水を入れた。

〈操作２〉 ペットボトルBを手で強く押しへこませた状態から素早く手をはなし、ペットボトルAの中の様子を観察した。

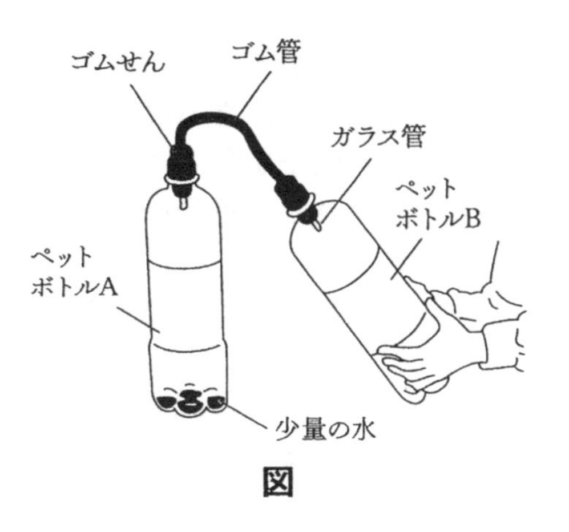

図

〈結果１〉 ペットボトルAの中の様子には変化が見られなかった。

〈操作３〉 ペットボトルAに少量の線香のけむりを入れて、**操作２**と同様にペットボトルBを手で強く押しへこませた状態から素早く手をはなし、ペットボトルAの中の様子を観察した。

〈結果２〉 ペットボトルBを強く押しへこませた状態から素早く手をはなし、ペットボトルBの形がもとにもどった時、ペットボトルAの中は白くくもった。

（２） **操作１**でペットボトルAに少量の水を入れたのはなぜか。「ペットボトルAの中の空気」という語から始めて理由を簡潔に説明せよ。

（３） **操作２**でペットボトルBを手で強く押しへこませた状態から素早く手をはなし、ペットボトルBの形がもとにもどる時、ペットボトルAの中の空気は、手をはなす前に比べてどうなるか。最も適するものを次の (a) ～ (c) より１つ選び、記号で答えよ。なお、**操作２**の前後でペットボトルAの形は変わらないものとする。

(a) 空気は膨張する。　　　(b) 空気は収縮する。
(c) 空気は膨張も収縮もしない。

（４） **操作３**でペットボトルＡの中に線香のけむりを入れた理由として最も適するものを次の（a）～（d）より１つ選び、記号で答えよ。

(a) ペットボトルの中の水蒸気の動きを見やすくするため
(b) ペットボトルの中の水蒸気がもれた時にわかりやすくするため
(c) ペットボトルの中の水蒸気の温度を一定にするため
(d) ペットボトルの中の水蒸気が変化するときの核にするため

（５） **結果２**でペットボトルＡの中が白くくもったことから、ペットボトルＡの中の水蒸気が水に変化したと考えられる。この時、ペットボトルＡの中の空気の湿度は何％になっているか。最も適するものを次の（a）～（e）より１つ選び、記号で答えよ。

(a) ０％　(b) 25％　(c) 50％
(d) 75％　(e) 100％

〈さとし君が実験後にまとめた雲のできるしくみ〉

山の斜面を上昇する空気は、膨張し温度が下がる。温度が下がるにしたがって、Ⓨ空気中に含むことのできる水蒸気量が限界に達すると、水蒸気の一部が水に変化し雲ができる。

（６） 下線部Ⓨについて、空気１m^3中に含むことのできる水蒸気の最大量を何というか。漢字で答えよ。

（７） さとし君が実験後にまとめた雲のできるしくみには、さとし君が考えた実験では確認できない内容が含まれている。確認できない内容を簡潔に説明せよ。

4 2021年夏、東京オリンピック・パラリンピックが開催されました。選手は、これまで鍛えた心と体で、全力で競技に臨みました。心臓と血液に興味を持ったクミコさんは、心臓のつくりとはたらき、血液の成分とはたらきについてそれぞれ調べました。以下の各問いに答えなさい。

（1） ヒトの心臓から血液が送り出されるときの血液の流れを、矢印で表した図として最も適するものを次の（ア）～（エ）より1つ選び、記号で答えよ。なお、図は正面から見たものである。

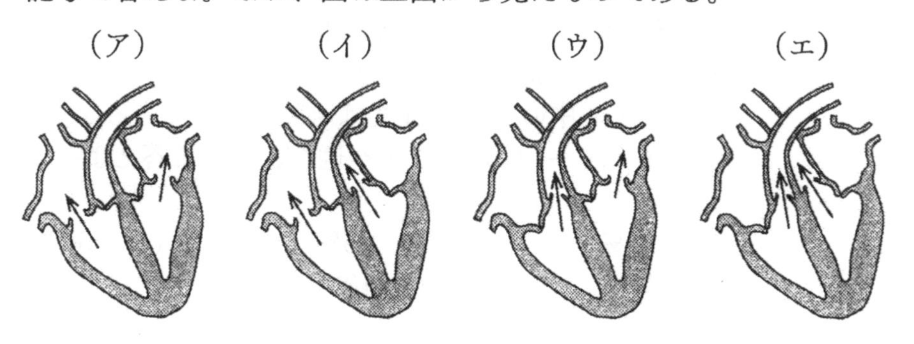

（2） ヒトの心臓の心室と心房につながっている血管と、その血管を流れる血液について述べた文として最も適するものを次の（ア）～（エ）より1つ選び、記号で答えよ。

（ア） 肺動脈は右心房につながっており、静脈血が流れる。
（イ） 肺静脈は左心房につながっており、動脈血が流れる。
（ウ） 肺動脈は右心室につながっており、動脈血が流れる。
（エ） 肺静脈は左心室につながっており、静脈血が流れる。

（3） ヒトの心臓には2つの心室と2つの心房がある。その中で筋肉の壁が一番厚くなっている部分はどこか。名称を答え、その理由を15字以内で答えよ。

（4） 次の文は、心臓から出た血液が流れる血管について述べたものである。文の①、②の（　　）内より適するものをそれぞれ選び、記号で答えよ。

心臓を出た①（ア．動脈　イ．静脈）は、枝分かれしながら全身に広がり、末端では毛細血管になる。毛細血管は合流しながらしだいに太くなって②（ア．動脈　イ．静脈）となり、心臓にもどる。

（５） **図**は、ヒトの血液成分の模式図である。血液成分のうち、ウイルスや細菌などの病原体を分解する成分を**図**のア～エより１つ選び、記号と名称を答えよ。

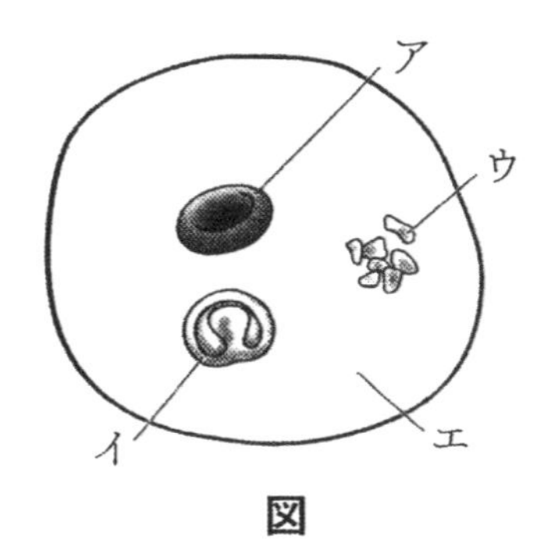

図

（６） 血液が通過するときに、血液中の尿素の割合が増える器官として、最も適するものを次の（ア）～（オ）より１つ選び、記号で答えよ。

（ア） 肝臓　（イ） 肺　（ウ） 小腸
（エ） 大腸　（オ） 腎臓

2022(R4) 鵬翔高
K 教英出版

令和４年度

鵬翔高等学校入学試験問題

英　語

第５時限（13時30分～14時15分）

時間45分

（注　意）

1.「始め」の合図があるまで、このページ以外のところを見てはいけません。

2. 問題用紙は表紙を除いて７ページ、問題は４題です。

3.「始め」の合図があったら、まず解答用紙に**志望学科・コース・受験番号・氏名**を記入し、次に問題用紙のページ数を調べ、不備があれば申し出てください。

4. 答えは必ず解答用紙の指定欄に記入してください。

5.「やめ」の合図があったら、すぐ鉛筆を置き、解答用紙だけを裏返しにして机の上に置いてください。

英語 1

1 対話文を読み、各設問に答えよ。

中学生の Ken と Mari が宿題について話しています。

Ken: I don't think homework is necessary for me.

Mari: Why don't you think ① so?

Ken: Actually, I don't have time for homework. I'm busy with soccer after school. After going back home around seven o'clock, I just want to take a bath, eat dinner, and go to bed right away.

Mari: I think I need homework. If I don't have homework, I will not study at home. Doing homework helps me find out the things which I didn't understand in class.

Ken: I see. But if I do homework (②) late at night, I will get sleepy during class. It's very hard for me (③) make time for homework.

Mari: I understand, but don't you worry about your *test scores?

Ken: Of course, I ④ do. I try to study very hard during class to understand ⑤ as much as possible.

Mari: Oh, that's great. *That's why you ask many questions in class.

Ken: Yes, that's right. After school, I want to think only about soccer. ⑥ It is important for me to keep my time during school and after school separate.

Mari: I understand your idea. I think you are good (⑦) using your time.

【＊】test scores：学校の成績　　That's why：だから

問１　下線部①の具体的内容を、日本語で答えなさい。

問２　(②) (③) (⑦) に適する語をア～オから１つずつ選び、記号で答えなさい。記号は１度だけ使用しなさい。

ア for　　イ until　　ウ at　　エ on　　オ to

問３　下線部④の具体的内容を、日本語で答えなさい。

問４　下線部⑤を以下のように言い換えた場合、（　　）に入る適切な英語２語を答えなさい。

as much as (　　　　) (　　　　)

問５　下線部⑥でKenがMariに伝えたかった内容として最も適切なものをア～エから１つ選び、記号で答えなさい。

ア Kenにとって、学業も、サッカーも同じように重要である。

イ Kenは、授業中は勉強に、放課後はサッカーに集中したい。

ウ Kenは、放課後の時間は、サッカーだけでなく、宿題にも力を入れるべきだと思っている。

エ Kenは、授業中もサッカーをしたいと考えている。

問６　KenとMariの発言について、内容に合うものをア～エから１つ選び、記号で答えなさい。

ア Mari thinks homework is useful for her studies.

イ Ken doesn't worry about his test scores.

ウ Mari believes that homework is necessary for everybody.

エ Ken likes soccer, but doesn't like to study.

問題は次ページに続く

英語３

2 英文を読み、各設問に答えよ

In 1964, the Olympics were held in Tokyo for the first time. Second Olympics in Tokyo were the Tokyo Olympics 2020. They prepared grand *facilities for Olympic Village for 18,000 athletes, coaches and officials.

According to the rules against the *new coronavirus, the athletes could enter the Village only five days before the ①competition started. After the competition, they must leave in two days. They only could leave the Village for training and games. It was the most important rule to wear a mask. The exceptions were sleeping and eating time.

Many things in the Village were *eco-friendly. For example, beds were made of *cardboard. Some of the athletes have put the pictures of these beds on the Internet. People in the world were surprised to see they were strong enough for Olympic athletes to sleep on well. It also surprised people that they were going to be *recycled after the festival.

The 33rd Olympic Games will be held in Paris. At the next Olympic Games, we hope to *cheer up the athletes with not a mask but a smile. ②We want all the athletes to do their best in the Paris 2024 Olympics.

One day in the Tokyo Olympic Village

6:30 a.m.	Wake-up time The sun rises early in Tokyo, at 4:40 a.m., (③) the windows are covered with thick curtains for a good rest.
7:00 a.m.	Time for the daily coronavirus test Everyone must do this according to the rules.
7:30 a.m. ～	Breakfast There are many kinds of food on the menu. It includes traditional Japanese dishes such as sushi and tempura.
11:00 a.m.	Leaving the village
7:00 p.m.	Returning to the village The athletes return to the village in the 17 self-driving buses. The buses carry 19 *passengers and run around the village 24 hours a day.
8:00 p.m. ～	Dinner After dinner, the athletes feel free to enjoy Nintendo games in the hall or walk in the park by the water.
10:00 p.m. ～	Bedtime Before you go to bed, you can talk with your family thanks to the free Wi-Fi.

【*】facilities : 設備　new coronavirus : 新型コロナウイルス
eco-friendly : 環境に優しい　cardboard : 段ボール　recycle : リサイクルする
cheer up : ～を元気づける　passengers : 乗客

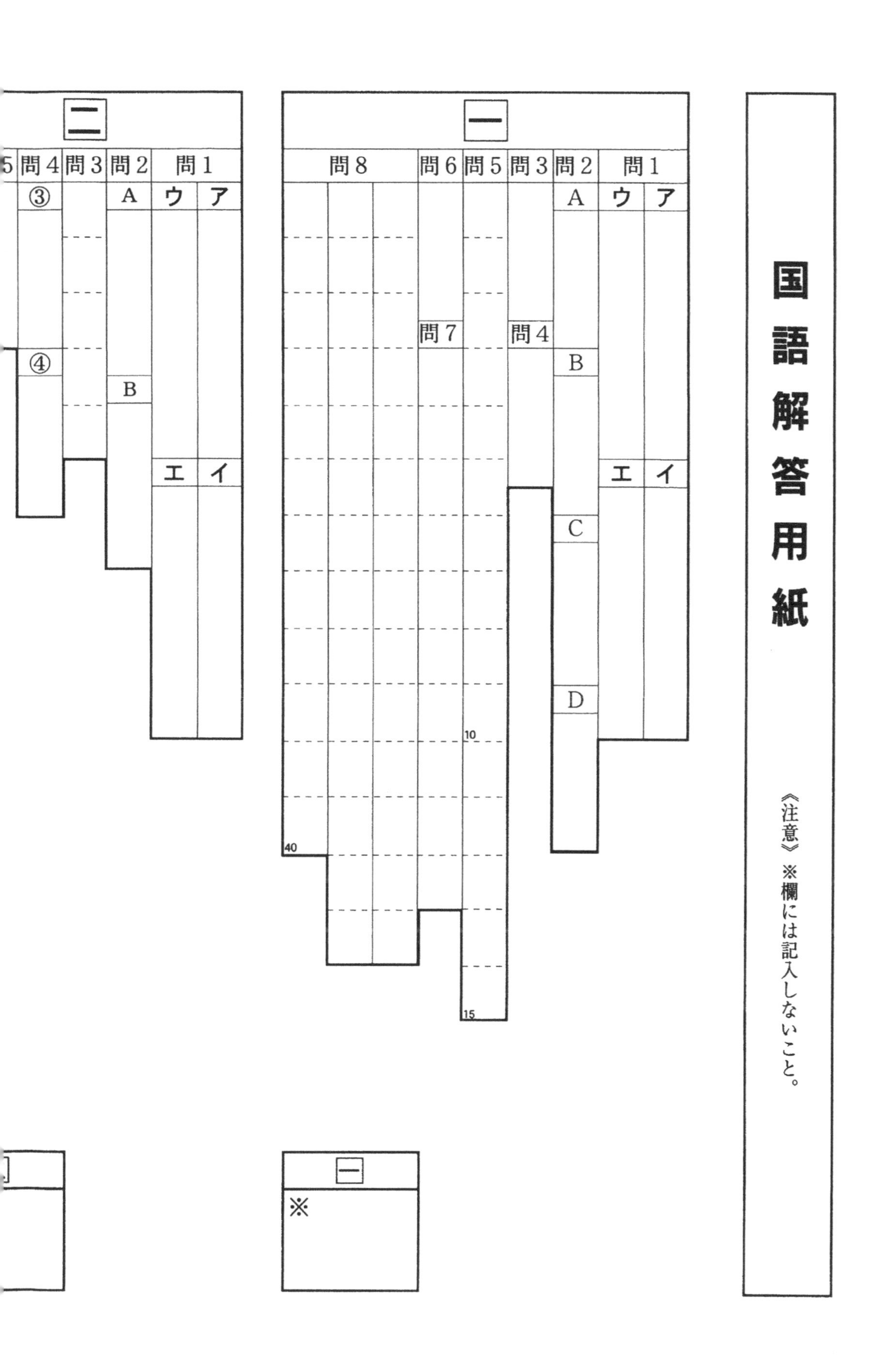

国語解答用紙

《注意》※欄には記入しないこと。

4

(1)							
(2)	a			b			
(3)	平均		第1		第2		第3	
(4)							

4	※

5

(1)		(2)		(3)	
(4)		(5)			

5	※

6

(1)		(2)		(3)	

6	※

志望学科	受験番号	氏名
科 (　　　　　　) コース		

合計	※ ※100点満点 (配点非公表)

2022(R4) 鵬翔高
教英出版

3	問1					
	(A)		(B)		(C)	
	(D)		(E)		(F)	

3	問2	問3	問4		問5	
			(ア)	(イ)	(1)	(2)

3	※

4	問1	問2	問3	問4

4	問5	問6	問7	問8	問9	問10

4	問11	問12

4	※

志望学科	受験番号	氏名
科 （　　　）コース		

合計	※ ※100点満点 （配点非公表）

3

(2)
「ペットボトルＡの中の空気」

(3)	(4)	(5)	(6)

(7)

4

(1)		(2)					
(3)	名称	理由					
(4)	①	②		(5)	記号		名称
(6)							

4	※

志望学科	受験番号	氏名
科 （　　　　）コース		

合計	※ ※100点満点 （配点非公表）

3	問 1	(1)		(2)		(3)		(4)	
	問 2	(1)		(2)		(3)		(4)	
	問 3	(1)		(2)		(3)		(4)	
	問 4	(1)		(2)		(3)		(4)	

3	※

4	問 1	(1)		(2)		(3)		(4)		(5)	

4			
問 2	(1)	An interesting book was ( ) ( ) Ken yesterday.
	(2)	No other mountain in Miyazaki is ( ) ( ) this one.
	(3)	This cake ( ) ( ) ( ) him.
問 3	(1)	I ( ) like ( ) have another cup of coffee.
	(2)	You ( ) ( ) take a picture here.
	(3)	I want ( ) cold ( ) drink.
	(4)	I have a friend ( ) is a doctor.
問 4	(1)	It is ( ) himself.
	(2)	Do ( ) back?
	(3)	They ( ) they were children.
	(4)	I'm ( ).
	(5)	The music ( ).

4	※

志望学科	受験番号	氏名
科 (コース)		

※印には何も書かないでください。

※

※100点満点
(配点非公表)

英語解答用紙

≪注意≫※欄には記入しないこと。

1						
	問1					
	問2	②		③		⑦
	問3					
	問4	as much as (　　　) (　　　)				
	問5					
	問6					

1	※

2					
	問1	(1)		(2)	
	問2				
	問3				
	問4				
	問5	→	→	→	
	問6				

2	※

理 科 解 答 用 紙

≪注意≫※欄には記入しないこと。

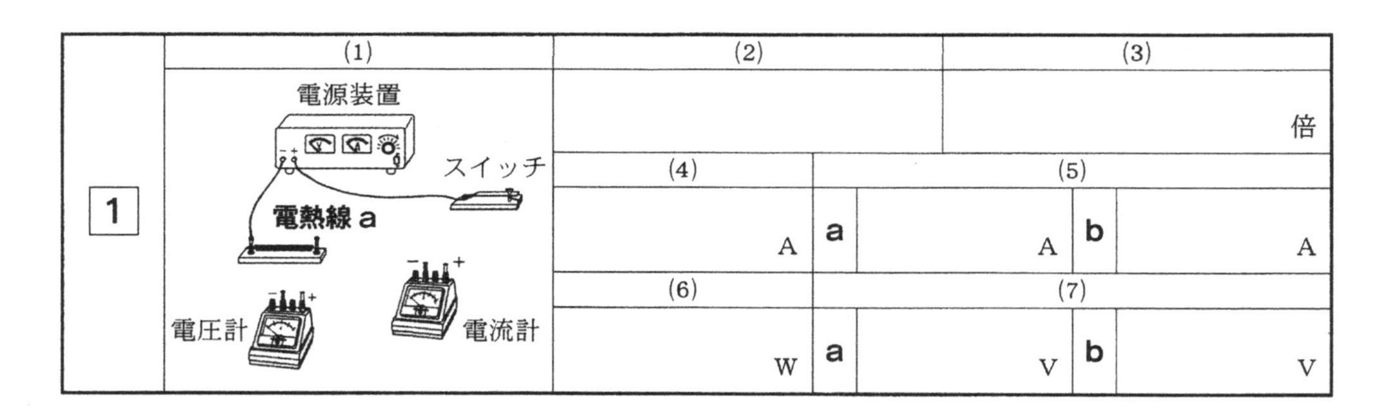

1	(1)	(2)		(3)	
	電源装置 スイッチ 電熱線 a 電圧計 電流計			倍	
		(4)	(5)		
		A	a　A	b　A	
		(6)	(7)		
		W	a　V	b　V	

1	※

2	(1)	(2)	(3)		(4)
			③	④	
	(5)				
	(6)	(7)			
		①	②	③	

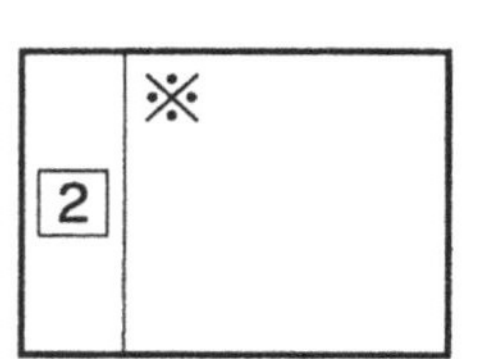

2	※

【解答用

社 会 解 答 用 紙

≪注意≫※欄には記入しないこと。

1

問1	問2	問3	問4	問5	問6

問7	問8	問9

問10				問11
(1)		(2)		

1	※

2

問1							
(1)		(2)		(3)		(4)	

問2	問3	問4	問5

問6	問7				問8
	(あ)		(い)		

問9	問10

2	※

【解答

数学解答用紙

≪注意≫※欄には記入しないこと。

1

(1)		(2)		(3)	
(4)		(5)			

1	※

2

(1)		(2)		(3)	
(4)		(5)			

2	※

3

(1)	A ・O	(2)		(3)	
		(4)		(5)	

3	※

【解答】

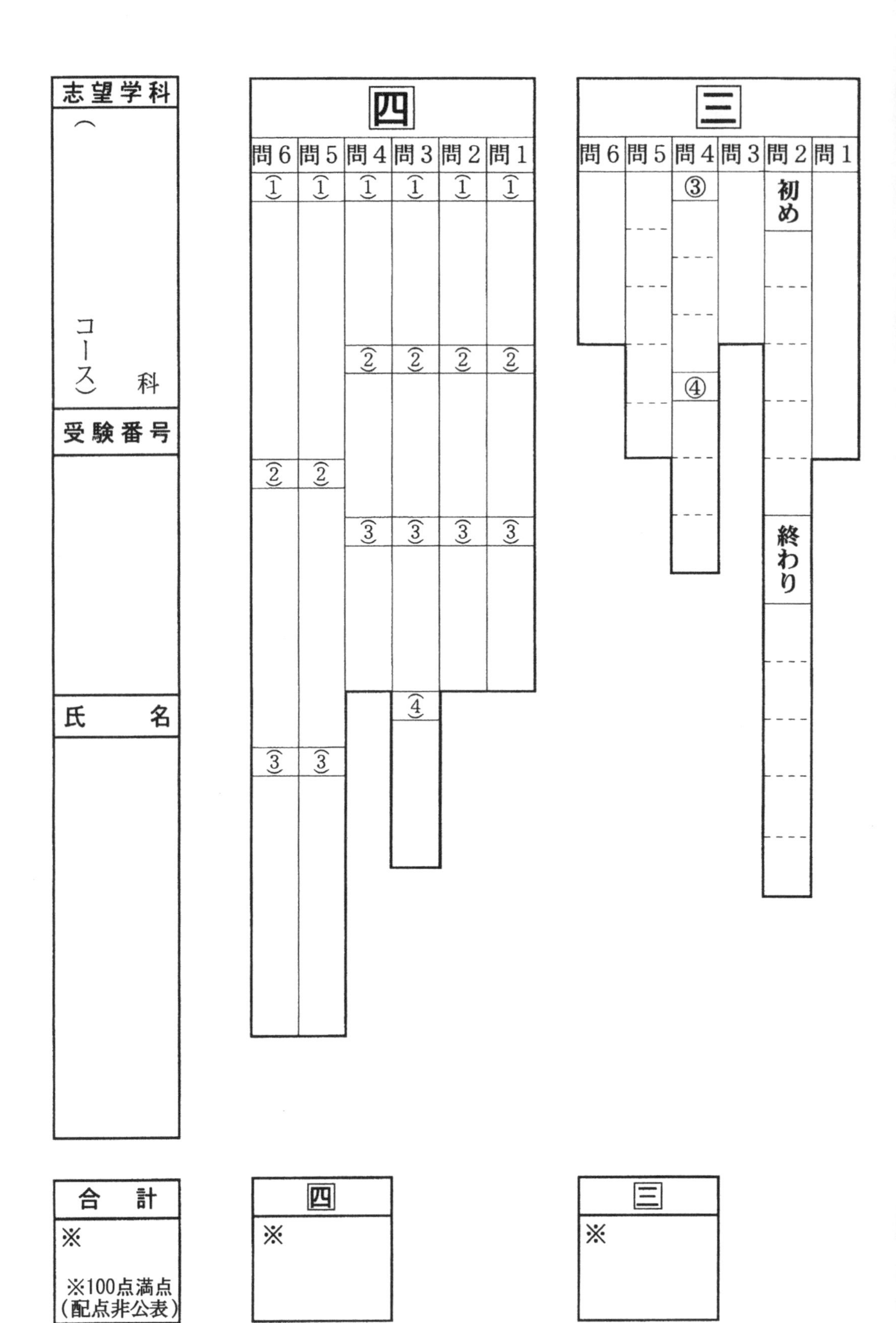
四
問6
問5
問4
問3
問2
問1
三
初め
終わり
志望学科
コース
科
受験番号
氏名
合計
※100点満点
(配点非公表)

英語４

問１　本文の内容に合う最も適切なものをア～エから１つずつ選び、記号で答えなさい。

(1) 東京で、オリンピックは
ア １度開催された。
イ ２度開催された。
ウ 何回も開催されている。
エ 毎年開催される。

(2) 東京オリンピック村に滞在する選手は
ア いつでも入村できた。
イ 家族と共に入村できた。
ウ マスクを着用せずに就寝することができた。
エ マスクを着用して買い物に出かけることができた。

問２　下線部①を表す英文として最も適切なものをア～ウから１つ選び、記号で答えなさい。

ア an event to find out who is the best
イ an event to welcome visitors
ウ an event to show opinions

問３　下線部②を和訳しなさい。

問４　（　③　）に入る最も適切なものをア～ウから１つ選び、記号で答えなさい。

ア because　　イ and　　ウ so

問５　ア～エのイラストを、オリンピック選手の朝からの１日の行動を表すように並べかえ、記号で答えなさい。

ア 
イ 
ウ 
エ 

問６　右のイラストを見て、５語以上の英文で表現しなさい。
ただし、ピリオドやコンマは語数に含まない。

問題は次ページに続く

英語５

3 問題を読み、各設問に答えよ。

問１　下線部の発音が他とは異なるものをア～エから１つずつ選び、記号で答えなさい。

(1) ア those　イ through　ウ another　エ though

(2) ア goes　イ watches　ウ buses　エ finishes

(3) ア enjoyed　イ played　ウ opened　エ helped

(4) ア throw　イ snowy　ウ brown　エ own

問２　次の対話文が成り立つように（　）内から最も適切な語を１つずつ選び、記号で答えなさい。

Ann: I lost (1)(ア I　イ my　ウ me) umbrella yesterday.
　　I think I left (2)(ア it　イ its　ウ it's) somewhere at school.

Ken: What kind of umbrella is it?

Ann: It's a red umbrella with a picture of a flower on it.

Ken: Oh, I saw one on the table over there. Is that (3)(ア you　イ your　ウ yours)?

Ann: Yes, that's (4)(ア I　イ my　ウ mine). Thank you.

問３　次の対話文が成り立つように（　１　）～（　４　）に入る最も適切な文をア～エから１つずつ選び、記号で答えなさい。

Ann: Look, Ken. (　1　)

Ken: (　2　)

Ann: (　3　)

Ken: (　4　)

ア I think I've met that girl before.

イ Oh, that's Yuki, John's girlfriend.

ウ Which girl are you talking about?

エ Can you see the girl who has long black hair?

問４　次の英文の応答として最も適切なものをア～エから１つずつ選び、記号で答えなさい。

(1) How about going to the movies next Sunday?

ア Right away.　イ Cheer up.　ウ Yes, I do.　エ Sounds good.

(2) May I try this on?

ア Here you are.　イ Yes, you look great.

ウ Sure. Please come this way.　エ No, thank you.

(3) I'm going to sing in front of my classmates tomorrow, and I'm very nervous.

ア All right.　イ I hope so.　ウ Don't worry.　エ Why not?

(4) Can I help you?

ア Yes, please.　イ I'd like to, but I can't.

ウ You're welcome.　エ Excuse me.

4　問題を読み、各設問に答えよ。

問１　イラストを参考に（　　）に入る適切な語をア～カから１つずつ選び、記号で答えなさい。記号は１度だけ使用しなさい。

(1) An apple is (　　　) the table.

(2) A picture is (　　　) the window.

(3) A vase is (　　　) two sofas.

(4) A clock is (　　　) the TV.

(5) A cat is (　　　) the table.

ア to　イ on　ウ above　エ under　オ between　カ by

問2　各組の文がほぼ同じ内容を表すように、(　　)に適語を入れなさい。

(1) I gave Ken an interesting book yesterday.
An interesting book was (　　　) (　　　) Ken yesterday.

(2) This mountain is the highest in Miyazaki.
No other mountain in Miyazaki is (　　　) (　　　) this one.

(3) He made this cake.
This cake (　　　) (　　　) (　　　) him.

問3　日本文に合うように、(　　)に適語を入れなさい。

(1) コーヒーのおかわりが欲しいです。
I (　　　) like (　　　) have another cup of coffee.

(2) ここで写真を撮ってはいけません。
You (　　　) (　　　) take a picture here.

(3) 何か冷たい飲み物がほしいです。
I want (　　　) cold (　　　) drink.

(4) 私には医者の友人がいます。
I have a friend (　　　) is a doctor.

問4　日本文に合うように、(　　)内の語を並べかえなさい。

(1) 彼にとって、自分で料理を作ることは簡単です。
It is (to / by / for / easy / him / cook) himself.

(2) 彼がいつ帰ってくるか、知っていますか。
Do (he / know / come / you / when / will) back?

(3) 彼らは小さいころから、お互いを知っています。
They (each other / known / since / have) they were children.

(4) 雨が降りそうですね。
I'm (rain / that / afraid / will / it).

(5) この曲を聴くと、よく眠れますよ。
The music (you / well / sleep / makes).